500
sushis

500 sushis

Caroline Bennett

Éditions
de La Martinière

Une publication du département *Saveurs*

Édition originale

Première édition en 2012 par Apple Press,
7 Greenland Street, London NW1 0ND
Sous le titre *500 Sushi*

Direction éditoriale : Donna Gregory
Chef de projet : Ross Fulton
Éditeur : Mark Searle
Direction artistique : Michael Charles
Photographies : Ian Garlick
Chefs et consultants spécialisés : Hong Sui Li, Sami Nkaili

Édition française

Connectez-vous sur www.lamartinieregroupe.com

Adaptation et réalisation : MediaSarbacane
Traduction : Marion Richaud

ISBN : 978-2-7324-5626-3
Dépôt légal : mars 2013

Achevé d'imprimer en décembre 2012
par 1010 Printers Ltd, en Chine

Sommaire

Introduction

Quand on parle de cuisine japonaise, on pense souvent d'abord aux sushis. De Séoul à New York, de Paris à Madrid, c'est le plat japonais le plus célèbre. Ce succès tient peut-être au fait que le sushi est emblématique des traditions et de la culture du Japon, et ce à de nombreux égards. Le Japon est un pays insulaire entouré de mers où abondent de nombreuses espèces de poissons. Sa superficie relativement réduite est principalement dévolue à la culture du riz. Les pentes escarpées des Alpes japonaises laissent en effet peu de place aux terres arables. Il semble ainsi inévitable qu'un plat national composé des aliments disponibles associe le riz et le poisson. Qui plus est, d'un point de vue esthétique, le sushi illustre les principes zen de minimalisme, de réflexion de la nature, d'harmonie et d'équilibre.

Quand nous dégustons un plat, nous faisons généralement intervenir notre sens de l'odorat, plus encore que celui du goût. Étant froids, les sushis dégagent très peu d'arômes, si bien que nous devons alors nous reposer entièrement sur nos papilles, stimulées par la vue de ces bouchées.

C'est ainsi que les choses se sont passées la première fois que j'ai goûté des sushis. J'ai vu un magnifique bol laqué et coloré rempli de sushis admirablement présentés et j'ai été aussitôt attirée. Si la première bouchée n'a pas été déplaisante, je n'ai pas non plus été subjuguée. Ce n'est que quelques jours plus tard que je me suis aperçue que j'avais envie d'y goûter de nouveau. Cela s'est résumé à cela. La deuxième dégustation m'a convertie. Là réside un troisième aspect : le caractère discret de tout ce que le Japon possède de beau et de délicieux.

Cette notion est incarnée par l'idéal du *wabi sabi*, l'essence de l'esthétique japonaise, selon laquelle l'ensemble est supérieur à la somme de toutes ses parties. Le wabi sabi est un état

Le Japon est un pays insulaire entouré de mers où abondent de nombreuses espèces de poissons.

Ce délicat sashimi de rouget barbet offre des saveurs et des textures à la fois subtiles et complexes (p. 190).

de conscience. La beauté est dissimulée dans l'esthétique ou dans la sensation ressentie face à quelque chose. Déguster des sushis comprend ainsi divers niveaux d'appréciation : le ravissement des yeux, la découverte de la texture et la persistance de la saveur marine, fraîche et énergisante.

Les sushis suscitent une impression très nette sans que l'un de ces aspects ne domine. C'est une forme d'art, considérée comme un prolongement de la nature, où les aliments sont si frais qu'ils ont leur goût propre et non celui de leur apprêt. Des ingrédients, crus à divers degrés, sont incorporés ; rien n'est très cuit. On demeure proche de l'aliment à son état naturel.

Comprendre l'intégrité des ingrédients crus requiert patience et savoir-faire. Ainsi, un chef japonais restera cantonné au nettoyage des réfrigérateurs, de l'aquarium ou du sol pendant les premières années de son apprentissage, avant d'être autorisé à passer derrière le comptoir à sushis.

Au Japon, dans un bar à sushis traditionnel, le client est assis devant le chef cuisinier, qui découpe et assemble adroitement les sushis devant lui. Avec une vitesse et une précision acquises par des années de pratique, il fabrique deux *nigiri* oblongs dont les grains de riz seraient, dit-on, tous orientés dans la même direction. Dans cet environnement culturel, tout le respect que le Japon nourrit pour sa cuisine s'illustre dans la relation de confiance et d'appréciation mutuelles qui s'instaure entre le client et le chef. En effet, le créateur de sushis prépare du poisson cru qui, placé entre les mains d'un employé inexpérimenté, peut présenter des risques.

Pourtant, le sushi n'a pas toujours suscité tant d'inspiration. À l'origine, il ne s'agissait guère que d'un moyen de conserver le poisson pendant les mois d'hiver incléments, durant lesquels la pêche était dangereuse. On plaçait du riz autour de filets de poisson qu'on laissait fermenter avant de jeter le riz au moment de consommer le poisson.

Peu à peu, au fil des siècles, ce style de sushi a pris le nom d'*oshi zushi*, ou sushi pressé, qui consiste en des couches de poisson et de riz tassées. Il existe encore aujourd'hui (voir p. 265 et 266). Le style *nigiri*, plus connu de nos jours, est originaire de Tokyo, où il est apparu au début du XIXe siècle. Il ne requiert ni fermentation, ni pressage dans un moule, ni temps d'attente. Ce sushi est devenu le premier plat de restauration rapide au monde.

Sushis et savoir-vivre

Décrire les sushis comme de simples boulettes de riz au vinaigre généralement surmontées de poisson ou de crustacés serait ignorer toutes leurs subtilités culturelles. Se rendre dans un bar à sushis traditionnel s'avère beaucoup plus révélateur. On y pénètre par un rideau, le *noren*. Autrefois, un rideau sale signifiait que l'endroit était populaire, car il était d'usage de s'y essuyer les mains en partant !

Le client y est accueilli par un « *Irrashaimase* » de la part des chefs qui se tiennent derrière le comptoir immaculé en cyprès blanc. C'est là qu'il faut vous asseoir pour vous imprégner de l'ambiance et déguster les meilleurs poissons du jour. On vous présente une serviette humide, l'*oshibori*, ainsi qu'une tasse de thé vert sencha, que l'on appelle *agari* plutôt qu'*ocha* dans un bar à sushis. Le chef dépose un petit plat de gingembre confit *gari* pour vous rafraîchir la bouche entre chaque sushi. Il est inconvenant de tout manger aussitôt comme l'on dégusterait une salade. Il est maintenant temps de passer commande.

Certains aiment commencer par quelques tranches de sashimi, d'autres préfèrent passer directement aux sushis. On débute généralement par des *nigiri* (p. 56-91), qui au Japon constituent la majeure partie du repas, puis on déguste des *gunkan* (p. 91-121), avant de terminer par des *maki* ou des *temaki* (p. 122-187 et 220-245).

Les Occidentaux ont tendance à faire l'inverse, préférant les couleurs plus éclatantes des *futomaki* à celles, discrètes, des nigiri. Dans tous les cas, commencez par un subtil poisson blanc, tel que la daurade ou le rouget, avant de passer à un poisson plus gras comme le saumon ou le thon, ou à un poisson « brillant » – comme on les désigne au Japon –, tels le maquereau ou le hareng.

Les fruits de mer cuits comme les crevettes ou le poulpe entrent généralement en scène à la fin de la sélection de nigiri. Vous terminerez probablement par des sushis roulés, et le chef vous demandera si vous les voulez coupés en six ou huit maki ou bien sous forme de temaki, en long rouleau.

Il est courant de ne pas passer commande et de faire confiance au chef, qui choisira votre menu pour vous. Un repas *omakase* (laissé à l'appréciation du chef) est une extraordinaire manière de déguster les sushis, mais, soyez prévenu, elle est plus onéreuse. Entre chaque type de sushi, rafraîchissez-vous la bouche avec le gingembre gari, notamment après un poisson gras comme le maquereau.

Dans un bar à sushis, les nigiri et les gunkan sont toujours servis par deux, tandis que les *hosomaki* et les *futomaki* sont présentés en rouleaux de six à huit pièces. Essayez de manger les nigiri et les gunkan en une seule bouchée, car il est peu élégant de les croquer.

Ne versez qu'un peu de sauce soja dans votre bol, de façon à juste couvrir le fond. Il est mal vu de le remplir complètement. Il est poli de servir la sauce soja à son invité. Si vous mangez des sushis et des sashimis, il vous faudra deux bols, l'un pour les sashimis, où vous pourrez éventuellement ajouter une petite touche de wasabi avant de le mélanger avec la sauce soja. Vous pouvez également déposer un peu de wasabi sur les tranches de sashimi et les tremper doucement dans la sauce soja. Le second bol est destiné aux sushis, car il est peu convenable d'ajouter du wasabi dans sa sauce soja.

Le chef aura déjà assaisonné les sushis. Il peut même être insultant d'ajouter du wasabi à la création du chef ! Prenez adroitement le sushi et trempez-le dans la sauce sans le détremper, du côté du poisson ou de la garniture. Si vous le trempez du côté du riz, la boulette se défait et perd ses subtils arômes.

Il est tout à fait acceptable de manger les sushis sans baguettes. D'ailleurs, plus le bar à sushis est traditionnel ou de standing, moins les baguettes sont de mise. Il y a quelque chose d'émouvant à recevoir les sushis directement de la main experte du chef ; utiliser des baguettes insère une distance entre vous et lui, et rompt le charme.

Les baguettes sont toutefois nécessaires pour manger... tout le reste ; aussi est-il utile d'en maîtriser le maniement pour déguster les sashimis, le gingembre confit, la soupe *miso* ou les accompagnements chauds. Le meilleur conseil que je puisse vous donner est de les tenir délicatement ; les serrer empêche de les manipuler. Quand vous mangez sans baguettes, placez les extrémités pointues qui sont en contact avec les aliments sur le repose-baguettes ou, s'il n'y en a pas, posez-les sur le bol de sauce. Ne léchez jamais vos baguettes.

Ne plantez jamais non plus vos baguettes dans un bol de riz et ne vous en servez pas pour transférer des aliments à quelqu'un d'autre. Ces deux actions sont plus appropriées dans certains rituels religieux qu'à table. Ne prenez jamais vos propres baguettes pour vous servir dans un plat commun : utilisez les baguettes de service, sinon tenez vos baguettes par l'autre extrémité pour vous servir.

La soupe *miso* ou le bouillon *suimono* interviennent généralement vers la fin du repas de sushis et signifient que le convive est rassasié. Au Japon, la soupe miso ne se déguste jamais en entrée.

Gérer les ressources marines

Cette partie m'a été la plus difficile à écrire, c'est pourquoi je l'ai gardée pour la fin. Lorsque j'ai entamé ma découverte des sushis, j'étais peu au fait de l'état de nos océans. Maintenant que j'ai pris conscience des dégâts que l'industrie du poisson leur a fait subir, je suis affligée de ce qui est imposé à nos mers et à la faune qui y vit.

L'espèce humaine dépend pour beaucoup de la santé des océans : ils absorbent du carbone, tempèrent le climat, offrent d'innombrables ressources médicales et, surtout, fournissent à la population d'une grande partie du monde sa principale source de protéines, ainsi qu'un apport nutritionnel majeur. Pourtant, à l'instar de tant d'autres choses, nous restons aveugles aux dégâts que nous infligeons à la nature. 80 % des ressources marines font l'objet d'une pêche qui atteint les limites acceptables ou qui les dépasse. Seules 20 % s'en sortent bien. Il est de notre devoir de penser à la prochaine génération et de préserver les quelques ressources qui nous restent.

Je suis convaincue que la philosophie japonaise peut offrir une solution à ce problème. Le monde comporte autant de bon que de mauvais, autant de *yin* que de *yang*, mais notre complicité ou notre inertie peuvent donner la victoire au second. Nous devons jouer un rôle actif dans nos choix. Rien ne nous concerne davantage que les décisions que nous prenons vis-à-vis de notre nourriture.

Des décisions collectives peuvent permettre de modifier profondément notre façon de puiser dans les ressources marines. Mais ces changements ne se feront pas en un jour. Internet fourmille de paroles sensées promues par Slow Food, Greenpeace ou encore le Marine Stewardship Council. Je vous conseille vivement de chercher à savoir comment votre poisson a été pêché. Sans démarche durable, les ressources ne se renouvelleront pas longtemps.

Le dernier mot revient à Carlo Petrini, fondateur de l'organisation révolutionnaire Slow Food, à qui je dois d'avoir changé mes habitudes : celui qui prétend aimer la cuisine sans se soucier de l'environnement est naïf, mais l'écologiste qui ne goûte pas aux plaisirs de la bonne chère est encore plus à plaindre.

Les couteaux japonais

On dit qu'un chef japonais tient davantage à son couteau qu'un samouraï à son sabre. Le *yanagiba*, long, étroit et pointu, est souvent appelé « couteau à sashimi ». Un créateur de sushis ne prête jamais son yanagiba, parce qu'il le considère comme un prolongement de son bras, façonné pour découper avec la plus grande précision au rythme de son art.

Un créateur de sushis fait en sorte que son yanagiba soit toujours très affilé, afin de mieux respecter la saveur, la texture et l'apparence du poisson. Sachez que les couteaux en acier inoxydable, très onéreux, gardent bien leur coupant, mais supportent mal d'être aiguisés.

Les chefs japonais affûtent régulièrement leur couteau à l'aide d'une pierre à aiguiser (jamais avec un fusil en acier ni à l'aiguisoir électrique), dont le grain varie selon l'âge et la qualité du couteau. Après utilisation, on enveloppe le couteau dans un linge propre et sec.

Si l'on ne prévoit pas de l'utiliser avant quelque temps, il est conseillé de passer un peu d'huile végétale sur la lame, pour éviter la rouille. Les yanagiba japonais se distinguent des couteaux occidentaux par leur lame plate d'un côté, qui permet de trancher les filets sans les effilocher, donnant une chair translucide et iridescente. Comme tant de choses au Japon, une apparente simplicité dissimule la complexité et les nombreux avantages d'une bonne technique de coupe.

La texture est un aspect fondamental. Les Occidentaux qui n'aiment pas les sushis ou les sashimis ne mettent pas leur saveur en question, mais leur consistance, la sensation laissée par l'aliment. Les Japonais apprécient la texture presque autant que le goût. Le contraste qu'offrent les grains de riz tièdes et moelleux sous une tranche de poisson froid et ferme est l'exemple même d'une règle officieuse selon laquelle les opposés sont complémentaires. Enfin, les couteaux, comme tant d'autres éléments qui entrent dans la fabrication des sushis, jouent un rôle dans la quantité de bactéries contenues dans les filets de poisson. En effet, un couteau bien entretenu permet de confectionner des sushis plus sûrs du point de vue de l'hygiène, car ils réduisent la surface exposée à l'oxydation.

Choisir le poisson et lever les filets

Prenez ces aspects en considération quand vous choisissez votre poisson : les ouïes doivent être rouge vif, les yeux translucides et brillants, la peau ferme (appuyer le doigt ne doit pas laisser de marque). Il doit être visqueux et sentir bon la mer, et non dégager une mauvaise odeur. S'il sent mauvais, c'est que les enzymes du poisson ont commencé à décomposer la chair, signe qu'elle n'est probablement plus consommable crue. N'oubliez pas de vous laver les mains avant de manipuler le poisson, pour réduire les risques bactériens.

Sanmai oroshi, la découpe d'un poisson rond en trois parties

Au Japon, le nom des différentes découpes vient du nombre de parties obtenues à partir d'un poisson. Ainsi, le bar, dit *sanmai oroshi*, est découpé en trois parties.

Ôtez les écailles à l'aide d'un couteau aiguisé ou d'un écailleur. Pour cela, vous pouvez placer le poisson dans un grand sac en plastique, pour ne pas projeter d'écailles dans votre cuisine. Coupez sous les ouïes entre la tête et le corps, et enlevez la tête. Ouvrez l'estomac et ôtez les viscères, puis, à l'aide d'un pinceau, nettoyez le sang rouge foncé autour de l'arête centrale.

Nettoyez soigneusement le poisson. Posez-le sur une planche à découper et insérez la lame dans le dos jusqu'à l'arête centrale, puis coupez sur toute la longueur, de la tête jusqu'à la queue. Retournez ensuite le poisson et insérez la lame de la même façon côté estomac, et levez le filet supérieur. Faites de même de l'autre côté, en coupant d'abord en direction de l'arête centrale, puis en levant le second filet à partir de l'incision du côté de l'estomac. Vous obtenez trois morceaux : deux filets et une arête centrale.

Retirez les arêtes au niveau de l'estomac sur les deux filets, en tenant votre couteau bien à l'horizontale et en coupant pour les ôter. Taillez maintenant chaque filet en deux le long de la ligne laissée par l'arête centrale. Enfin, retirez les parties contenant les petites arêtes près de la coupe que vous venez de faire. Pour enlever la peau, posez les filets côté peau sur la planche à découper, insérez doucement la lame au niveau de la queue entre la peau et la chair, et levez légèrement la lame. En tenant fermement l'extrémité côté queue de la main gauche, faites glisser délicatement la lame le long du poisson, en coupant la peau aussi fin que possible.

En règle générale, essayez de couper en un seul geste continu, plutôt que par saccades. Un poisson découpé avec soin améliore l'aspect des sashimis ainsi que la texture en bouche et, surtout, réduit l'oxydation par rapport à une chair hachée. Cela évite que la chair ne se dégrade et que les bactéries ne prolifèrent, ce qui est évidemment primordial avec du poisson consommé cru.

Calamar et seiche

Veillez à utiliser des calamars fraîchement pêchés, puisqu'ils seront dégustés crus. Si votre poissonnier ne peut vous garantir leur fraîcheur, choisissez des calamars surgelés. Si vous utilisez un calamar entier, posez-le sur une planche à découper. Tout en maintenant la tête d'une main, prenez les tentacules à leur base et redressez-les doucement avec l'autre main. Passez les doigts dans la cavité interne et retirez la plume translucide. Jetez les viscères, en essayant de ne pas percer la poche d'encre, que vous pouvez conserver pour une autre utilisation.

Insérez une lame dans le corps et coupez délicatement d'un côté, en descendant. Placez un doigt sous la nageoire pour la séparer, puis arrachez-la et retirez la fine membrane. Ôtez les « ailes » qui sont attachées au corps. Coupez les tentacules juste devant les yeux et pressez pour extraire le petit bec. Rincez et séchez. Procédez de même pour une seiche, mais coupez la tête du côté opposé à la poche d'encre, ouvrez et ôtez les viscères.

Gomai oroshi, la découpe d'un poisson plat en cinq parties

Cette technique est surtout utilisée pour les grands poissons plats, mais aussi, si vous êtes peu sûr de vous, pour des poissons plats plus petits, parce qu'il est plus facile de diviser les filets que d'essayer de les lever d'un seul tenant. Il n'y a pas d'écailles à retirer sur un poisson plat. Suivez les étapes de la découpe en trois parties, en coupant le côté du filet qui ne contient pas d'arêtes en deux, pour obtenir quatre filets, la cinquième partie étant le squelette central.

Pour cela, posez le poisson, le ventre vers le bas, sur une planche à découper. Coupez le long de la courbe des nageoires extérieures de chaque côté, puis pratiquez une incision centrale de la queue à la tête. Levez les filets, en commençant au milieu du côté de la tête, qui est la partie la plus ferme, et tirez la chair pour la décoller de l'arête. Faites de même de l'autre côté. Retournez le poisson et répétez l'opération côté ventre.

En tenant le couteau en biais, ôtez la membrane de l'estomac et extrayez les éventuelles petites arêtes avec une pince à épiler. Ôtez la peau comme indiqué dans la découpe en trois parties.

Neta, la découpe des gros poissons en tranches

Les gros poissons comme le thon ou le lieu jaune, et souvent le saumon, se caractérisent par une texture plus grasse et plus tendre, et sont généralement plus difficiles à découper en tranches fines. Il convient donc de couper chaque tranche en morceaux de 7,5 à 10 cm de long et de 2,5 cm de large. Coupées très fin, elles doivent peser environ 25 g. Opérez perpendiculairement aux tendons : si vous taillez en tranches parallèles, certains morceaux risquent d'être blancs et durs.

On trouve au Japon du thon de très bonne qualité – Nigiri de thon mariné (p. 58).

La technique du *nigiri*

Si le poisson tient la place d'honneur dans le sushi, il ne serait rien sans le riz. C'est le riz qui met en avant la texture et rehausse le plaisir du petit morceau de poisson. Il est très important que le riz présente une saveur et une consistance homogènes, et que la chaleur de la boulette de riz complète la fraîcheur du poisson. Il n'y a rien de pire qu'un riz froid et compact dans un sushi.

Pour confectionner un nigiri parfait, commencez par vous détendre ! Versez environ 2 c. à s. de vinaigre dans un petit bol d'eau. Mouillez-y vos doigts et la paume de votre main gauche pour les assainir et empêcher que le riz n'y colle.

Placez la tranche de *neta* (terme générique qui désigne tout ce qui surmonte un nigiri) dans votre main gauche. Tenez l'extrémité de la tranche entre votre index et votre pouce, pas trop fermement, en laissant la tranche reposer sur les phalanges centrales. Prenez maintenant une boulette de riz *shari* d'environ 15 g dans votre main droite et façonnez-la délicatement pour lui donner la forme classique du nigiri. Tout en plaçant le riz shari dans votre paume droite, prenez du wasabi avec votre index droit et étalez-le doucement au centre de la tranche de neta.

Posez la boulette de riz shari sur la tranche de neta. Fermez légèrement la paume de votre main gauche, pressez fermement avec le pouce de la même main au milieu de la boulette, pour y laisser un creux. Ainsi, l'extérieur du nigiri sera bien ferme, tandis que l'intérieur demeurera suffisamment moelleux.

Roulez le sushi dans votre main gauche de façon à le maintenir en travers de vos doigts, la tranche de neta orientée vers le haut. Pressez l'extrémité du riz shari avec votre pouce gauche, puis tournez le sushi de 180° pour appuyer doucement sur l'autre extrémité.

Posez votre index et votre majeur droits sur le dessus de la tranche neta, mais sans appuyer avec cette main, et modelez le sushi avec la main gauche, en pressant vers le haut. Pincez les deux côtés du sushi entre votre majeur et votre pouce droits pour le façonner, avant de tourner le sushi de 180°.

Le sushi nigiri obtenu doit avoir une forme homogène, et, si vous êtes parvenu à manipuler le riz et le poisson le moins possible, il doit sembler prêt à partir à la nage !

La technique des rouleaux *futomaki*

La technique ressemble à celle des *hosomaki*, mais il faut particulièrement veiller à ce que le riz ne sorte pas de l'algue *nori* et que les farces ne soient pas écrasées. Disposez un bol d'eau vinaigrée à côté de votre planche à découper. Placez le nori, côté brillant en dessous, sur un tapis à rouler les *maki*, le bord le plus long face à vous. Posez un film alimentaire sur le tapis si vous le souhaitez.

Trempez vos doigts dans l'eau vinaigrée, puis étalez environ 200 g de riz shari sur le nori, de façon uniforme, en laissant un espace de 2 cm sans riz sur le dessus de l'algue. Étalez un peu de wasabi au centre sur la longueur du rouleau. Choisissez les garnitures à votre convenance, en gardant à l'esprit l'apparence finale et l'équilibre des couleurs de votre maki.

Le plus délicat, maintenant ! Appuyez doucement au centre du rouleau à l'aide des index et des majeurs, et, avec les pouces, soulevez le bord du tapis le plus proche de vous.

D'un mouvement fluide, enroulez le tapis vers l'avant, en enfermant les garnitures, mais en laissant visible la partie du nori non couverte. Du bout des doigts, rabaissez le tapis sur la partie non couverte, pour sceller le rouleau. Appuyez pour aplatir légèrement, puis faites pivoter à 90° et appuyez encore. Recommencez jusqu'à donner au rouleau une section carrée.

Retirez le tapis, posez-le sur le rouleau, puis recommencez l'opération de façonnage.

Coupez en 6 à 8 morceaux avec un couteau aiguisé trempé dans de l'eau, en mettant les morceaux de côté au fur et à mesure.

La technique des rouleaux *uramaki*

Ces rouleaux sont semblables aux *futomaki*, mais sont roulés à l'envers, de façon que le nori se trouve à l'intérieur, l'extérieur pouvant recevoir divers ingrédients. C'est une technique très décorative que les Occidentaux apprécient particulièrement.

Posez un bol d'eau vinaigrée à proximité de la surface de travail. Couvrez le tapis à maki en bambou de film alimentaire, des deux côtés. Posez la feuille de nori sur le tapis, côté long face à vous. Étalez 200 g de riz shari de façon homogène sur le nori, en allant jusqu'aux bords. Sur le riz, étalez uniformément l'ingrédient que vous avez choisi d'utiliser pour garnir l'extérieur de votre rouleau. Les œufs de poisson comme le *tobiko* sont couramment utilisés, ou bien des pousses comme celles de shiso ou de moutarde.

Soulevez délicatement les coins du nori et retournez-le de façon que l'algue soit sur le dessus. Disposez les garnitures en long au centre du nori. Les mains au-dessus de la base du tapis et en pressant le tapis sur les ingrédients, roulez le tapis sur les ingrédients, en laissant une marge de 2,5 cm de nori visible en haut.

Appuyez doucement pour modeler le rouleau. Soulevez le tapis, réenroulez un peu, puis roulez vers l'avant pour rejoindre le bord du nori. Appuyez un peu pour tasser et façonner le rouleau à la forme souhaitée : carrée, ovale ou ronde. Déroulez le tapis. Vous pouvez étaler une garniture sur l'extérieur.

Avec un couteau aiguisé, découpez en 8 morceaux : coupez d'abord le rouleau en deux avant de recouper chaque moitié en deux. Puis coupez chaque quart une dernière fois. Vous pouvez aussi couper le rouleau en 6 morceaux. Procédez avec délicatesse pour conserver la forme choisie.

Recettes de base

Sauce soja, miso, mirin, vinaigre de riz et dashi sont les principaux ingrédients de la cuisine japonaise. Familiarisez-vous avec ces produits à la fois simples et sophistiqués dans leurs apprêts les plus courants, et vous serez bientôt prêt à tenter de nouvelles expériences...

Tsuma – décor pour sashimis

Pour 2 personnes

Le sashimi – du poisson cru servi sans riz – n'est jamais présenté seul. Une tranche de poisson nue est comme un morceau de pain sans beurre. On place traditionnellement des légumes émincés, comme du radis blanc (daikon) et des algues, en dessous, à côté ou parfois par-dessus. *Tsuma* est le nom générique de ces garnitures. Leur fonction n'est pas seulement décorative : elles contribuent à couvrir l'odeur du poisson cru et à la stérilisation, tandis que certaines favorisent la digestion. Elles apportent aussi leur couleur, leur texture et leur parfum au plat. Là encore, ce qui est beau pour les yeux est bénéfique pour le corps et, en associant les légumes au poisson, pour l'équilibre de la nature.

1 c. à c. d'algues séchées wakame
1 morceau de 35 cm de daikon

Faites tremper l'algue quelques minutes dans un peu d'eau. Égouttez-la et pressez-la pour extraire l'eau. Munissez-vous d'un couteau aiguisé de 15 cm de long, maintenez le daikon fermement contre la lame et faites peu à peu pivoter le daikon afin d'obtenir une longue bande uniforme.

Repliez la bande en trois et découpez-la en fines lanières. Plongez celles-ci au moins 15 min dans de l'eau glacée. Égouttez ensuite le daikon et mélangez-le avec le wakame. Disposez un lit de mélange daikon-wakame et posez les tranches de sashimi par-dessus.

Voir variantes p. 46

Riz shari

Pour 4 personnes

Il est important de choisir un bon riz pour préparer des sushis. Une fois cuit, il doit avoir une capacité d'absorption optimale, afin que la saveur de chaque grain soit homogène, et que sa texture soit uniformément moelleuse et collante. Utilisez un riz blanc court japonica, vendu dans les supermarchés asiatiques, ou du riz arborio pour risotto.

200 g de riz japonica à grains courts
10 cl de vinaigre de riz
30 g de sucre
1 c. à c. de sel

Mettez le riz dans un saladier et couvrez d'eau froide. Remuez pour décoller les impuretés du riz. Frottez délicatement le riz dans la paume de vos mains pour ôter le tégument du riz. Jetez l'eau. Répétez l'opération jusqu'à ce que l'eau soit claire. Laissez égoutter le riz dans une passoire pendant 30 min environ. Mettez le riz dans un cuiseur à riz avec 50 cl d'eau et faites-le cuire 10 à 15 min. Vous pouvez aussi le verser dans une casserole à fond épais, couvrir, porter à ébullition sur feu moyen et faire bouillir 2 à 3 min. Réduisez ensuite sur feu doux et laissez frémir encore 10 à 12 min. Résistez à la tentation de soulever le couvercle !

Une fois le riz cuit, laissez-le dans le cuiseur ou retirez la casserole du feu et laissez reposer 15 à 20 min sans ôter le couvercle. Mélangez intimement le vinaigre, le sucre et le sel dans une casserole et faites chauffer sur feu doux pour dissoudre le sucre et le sel. Ôtez du feu et laissez refroidir. Versez de l'eau dans un récipient à riz en bois et laissez absorber. Jetez l'eau et essuyez avec un torchon sec. Transvasez le riz cuit dans le récipient humidifié ou, à défaut, dans un saladier non métallique à fond plat. Répartissez bien le riz au fond du plat à l'aide

d'une spatule en bois. Versez peu à peu le mélange vinaigré en le faisant couler sur la spatule et en le laissant se déverser ensuite sur le riz cuit. Mélangez rapidement le riz et le vinaigre, en maniant la spatule comme si vous coupiez dans le riz, de façon à bien séparer les grains et à les parfumer uniformément.

Éventez le riz shari pour refroidir sa température de surface, jusqu'à ce qu'elle avoisine celle de la peau. Transférez le riz tiédi dans un récipient et couvrez-le d'un linge humide. Il est crucial de garder le riz légèrement tiède. Une fois le riz refroidi, l'amidon qu'il contient perd son pouvoir d'absorption, et le riz présente une texture dure et inégale en bouche. S'il est trop chaud, au contraire, cela nuit à la fraîcheur de la garniture.

Voir variantes p. 47

Soupe miso

Pour 2 personnes

Cette soupe symbolise toute l'âme du Japon. Réalisée selon des méthodes traditionnelles, elle est riche en vitamines et en protéines, tout en présentant d'étonnantes propriétés détoxifiantes. Si vous vous sentez un peu faible durant la matinée, cette soupe vous redonnera de l'énergie !

1 bloc de tofu soyeux
30 g d'algues wakame
1 l de dashi (p. 44)
60 g de pâte de mugi miso (par bol)
2 ciboules hachées

Égouttez le tofu et coupez-le en cubes d'environ 1 cm de côté. Réhydratez le wakame dans un bol d'eau froide durant 5 min environ, jusqu'à ce qu'il soit ramolli (reportez-vous aux instructions figurant sur l'emballage, car parfois le wakame n'a pas besoin d'être réhydraté). Pressez l'algue pour en extraire l'eau et coupez-la en morceaux de 2 cm de long.

Versez le dashi dans une casserole et portez-le à ébullition. Mélangez-en un peu dans la pâte de miso pour la délayer avant de l'ajouter au bouillon. Baissez le feu et laissez frémir, tout en remuant. Déposez les cubes de tofu et le wakame dans des bols, versez-y la soupe à la louche et garnissez de ciboule hachée.

Voir variantes p. 48

Tsukemono – gingembre confit gari

Pour 4 personnes

Au Japon, les légumes confits indiquent la fin du repas. Un repas, même complet, semble inachevé tant que le *tsukemono* n'est pas servi. Autrefois, quand une grande partie des terres arables furent consacrées à la production de riz, les légumes confits contribuèrent à la santé des habitants, car on ne consommait quasiment que cela durant l'hiver, quand les légumes frais étaient rares. Leur grande diversité constitue également l'un de leurs attraits. De nombreux légumes peuvent être confits, chaque variante régionale étant une fierté locale. Le gingembre confit tient une place un peu à part. Le gingembre confit, ou *gari* comme on le nomme exclusivement dans les restaurants japonais, se déguste en petite quantité entre les différents sushis et non à la fin du repas.

200 g de gingembre frais nouveau, pelé et taillé en biais en longues lamelles fines
4 c. à c. de sel de mer
20 cl de vinaigre de riz
4 c. à c. de sucre
20 g de feuilles de shiso rouge

Mettez les lamelles de gingembre frais dans un saladier, saupoudrez-les de sel et laissez-les reposer 1 h environ. Transférez-les dans un bocal stérilisé. Dans un autre récipient, mélangez le vinaigre de riz et le sucre, jusqu'à dissolution de ce dernier.

Versez le mélange vinaigré sur le gingembre, dans le bocal. Ajoutez les feuilles de shiso rouge, fermez le bocal avec son couvercle et placez-le au réfrigérateur pendant au moins une nuit, et jusqu'à une semaine. Ce sont les feuilles de shiso rouge qui donnent au gari sa couleur légèrement rosée.

Voir variantes p. 49

Mayonnaise au yuzu

Pour 35 cl environ

L'utilisation de la mayonnaise avec les sushis est apparue en Californie avant d'être introduite au Japon. Je ne suis guère enthousiasmée par l'idée d'étaler de la mayonnaise sur mes sushis, notamment parce que, selon moi, elle masque les saveurs subtiles des ingrédients et nuit à la texture. Je vous conseille donc d'utiliser cette recette en guise de sauce où tremper les sushis (comme la sauce soja), plutôt que de l'ajouter dans les rouleaux de maki. Mais laissez-vous guider par votre propre goût pour décider de la manière dont vous l'emploierez.

2 jaunes de gros œufs
1 c. à c. de moutarde en poudre
1 gousse d'ail écrasée
25 cl d'huile d'arachide
1 c. à c. de vinaigre de riz
1 c. à c. de sauce soja claire
½ c. à c. de zeste de yuzu

Veillez à ce que tous les ingrédients soient à température ambiante. Mettez les jaunes d'œufs dans un bol et ajoutez-y la moutarde en poudre ainsi que l'ail. Mélangez bien. En tenant un batteur électrique (ou un fouet) dans une main et le récipient d'huile dans l'autre, versez l'huile dans le jaune d'œuf, goutte à goutte. Au début, assurez-vous que chaque goutte est incorporée par le batteur avant d'en verser une autre, pour que la préparation ne tourne pas.

Peu à peu, la préparation épaissit. Quand la moitié de l'huile environ est incorporée, ajoutez le vinaigre de riz. Quand toute l'huile est utilisée, versez la sauce soja et le zeste de yuzu, puis mélangez bien. Réservez au réfrigérateur.

Voir variantes p. 50

Sauce teriyaki

Pour 60 cl environ

Surveillez la quantité de sucre que vous utilisez dans vos plats japonais et, lorsque c'est possible, employez des ingrédients de substitution tels que du miel ou du jus de pomme, ou bien une bonne marque de mirin.

Os de cuisses de poulet rôti
Feuilles vertes de poireau grillées
30 cl de sauce soja foncée
12 cl de saké
12 cl de hon-mirin
2 c. à s. de miel

Vous pouvez soit griller, soit rôtir les os de poulet et le poireau. Mettez les os de poulet et le poireau dans une casserole, puis ajoutez-y tous les ingrédients, à l'exception du miel. Mélangez et portez à ébullition, et laissez frémir 20 min, jusqu'à ce que la sauce ait épaissi. Ajoutez alors le miel et poursuivez la cuisson 5 min, en remuant.

Je dois préciser que la plupart des recettes japonaises que j'ai consultées recommandent d'utiliser autant de mirin que de sauce soja et un tiers de volume de sucre. Par conséquent, si la recette ci-dessus n'est pas à votre goût, n'hésitez pas à adapter les proportions ou à ajouter du sucre !

Voir variantes p. 51

Ponzu

Pour 12 cl environ

Le *ponzu* est une sauce soja acidulée parfumée aux agrumes, dont la saveur simple et franche complète la plupart des poissons blancs ainsi que les poissons « brillants », comme le chinchard. Il peut aussi entrer dans la préparation de plats plus modernes ou dans vos vinaigrettes pour salades.

1 carré de 40 cm de côté d'algue kombu
8 c. à s. de sauce soja
8 c. à s. de vinaigre de riz
2 c. à s. de jus de citron

Mélangez l'ensemble des ingrédients et placez une nuit au réfrigérateur. Enlevez le kombu avant d'utiliser la sauce.

Voir variantes p. 52

Saikyo miso

Pour 75 cl environ

Cette garniture incroyablement simple est surtout réputée pour se marier à merveille avec l'aubergine.

12 cl de saké
12 cl de mirin
200 g de pâte de miso blanc
3 c. à s. de sucre

Portez le saké et le mirin à ébullition dans une casserole placée sur feu vif et laissez bouillir quelques secondes, afin de faire évaporer l'alcool.

Baissez le feu et ajoutez la pâte de miso, en mélangeant avec une cuillère en bois. Quand le miso s'est dissous, remontez le feu et ajoutez le sucre, en remuant sans arrêt afin que la sauce n'attache pas. Retirez du feu dès que le sucre est dissous.

Voir variantes p. 53

Sauce ceviche

Pour 35 cl environ

Cette recette est inspirée des saveurs sud-américaines. C'est Nobuyuki Matsuhisa qui a introduit le ceviche dans son restaurant, le Nubo, et l'a fait connaître au Japon. La sauce ceviche s'associe parfaitement avec des restes de morceaux de poisson blanc ou de crustacés hachés. La chair crue est ainsi à demi pochée dans le citron et l'huile. Éviter le gaspillage est tout à fait zen, et cette recette y contribue.

1 oignon rouge
3 gousses d'ail
1 piment jalapeño frais
1 piment rouge avec ses graines
1 feuille de shiso
1 tige de ciboule
2 c. à s. de dashi
1 c. à s. de sauce soja
2 c. à c. de jus de citron vert
3 c. à s. d'huile d'olive
15 cl de jus de shiso
1 pincée de graines de sésame noir

Hachez grossièrement l'oignon, l'ail, les piments, la feuille de shiso et la ciboule. Mélangez le dashi, la sauce soja, le jus de citron vert, l'huile d'olive et le jus de shiso. Mélangez tous les ingrédients.

Saupoudrez de graines de sésame.

Voir variantes p. 54

Bouillon dashi

Pour 1,5 l environ

Le *dashi* est le bouillon de base au Japon. Contrairement aux bouillons occidentaux, il est facile et rapide à réaliser. Comme nombre de produits de la cuisine japonaise, il repose sur l'intégrité, la qualité et le savoir-faire mis en œuvre dans la confection de ses ingrédients.

30 g ou 1 morceau d'environ 10 cm de long de kombu séché
1 c. à s. de flocons de bonite séchée katsuo

Ne retirez pas les dépôts blancs de glutamate sur le kombu, c'est justement ce goût umami que nous cherchons à extraire. Mettez le kombu dans une casserole avec 1,75 l d'eau, puis portez à ébullition.

Laissez réduire sur feu doux pendant 15 à 20 min. Retirez le kombu et portez de nouveau à ébullition. Ajoutez 4 c. à s. d'eau froide ainsi que les flocons de katsuo. Laissez infuser le tout 5 min. Passez le bouillon à travers une passoire pour retirer le katsuo et réservez le bouillon clair.

Voir variantes p. 55

Variantes

Tsuma – décor pour sashimis

Recette de base p. 27

Feuilles de shiso

Le shiso est l'un des ingrédients essentiels des sushis japonais. Ses feuilles d'un beau vert clair ou rouges confèrent de la couleur et de l'éclat à un plat de sashimis. Son parfum et sa saveur se distinguent de ceux des autres aromates. Il possède de puissantes vertus antibactériennes, ce qui est intéressant lorsqu'on cuisine des aliments crus fragiles. Il est riche en vitamines et en minéraux qui stimulent le système immunitaire, il joue un rôle dans le traitement des allergies et a des effets bénéfiques sur la peau.

Tsuma d'algues

Les algues ne contiennent quasiment aucune calorie, tout en étant riches en vitamines A, B, C et E ainsi qu'en oligo-éléments, notamment en iode, en calcium, en magnésium et en fer. Elles constituent aussi une bonne source d'oméga-3. Mélanger plusieurs algues de couleur permet de réaliser un tsuma agréable à l'œil, voire une salade.

Tsuma de hijiki et de daikon

Le hijiki est une algue brune qui ressemble à du thé séché. Son noir lustré contraste avec le blanc éclatant du radis. Il est généralement disponible sous forme séchée et, le plus souvent (selon les marques), doit cuire 30 min sur feu doux avant d'être utilisé pour le tsuma.

Tsuma de concombre et de daikon

Pelez un morceau de concombre de la même façon que le radis blanc et mélangez-les.

Variantes

Riz à sushi shari

Recette de base p. 28

Riz complet genmai
Remplacez le riz cru par du riz complet à grain court genmai. Lors du lavage, l'eau sera moins laiteuse. Procédez de même pour la cuisson et le mélange, mais doublez la quantité d'eau utilisée pour cuire le riz.

Riz gomoku
Gomoku signifie « cinq grains » ou « cinq choses », mais en réalité vous pouvez utiliser le nombre de types de céréales ou de légumineuses que vous souhaitez. Vous pouvez faire votre choix parmi le millet, le haricot adzuki, le riz noir, le soja, le riz rouge, le sésame noir ou le sésame blanc. Procédez de même pour la cuisson, en doublant la quantité d'eau.

Riz shari allégé en sucre
En général, la proportion de vinaigre par rapport au riz est de 15 %, mais vous pouvez ajuster la quantité de sucre et de sel à votre convenance. Avec l'expérience, vous trouverez le bon équilibre, sachant que la quantité de sel varie habituellement entre une petite pincée et ¾ de c. à c. pour 7 c. à s. de riz cru, et celle de sucre entre ¾ de c. à s. et 4 c. à c.

Riz shari au saké et au kombu
Pour conserver un arôme agréable tout en réduisant les quantités de sel et de sucre, ajoutez une bande de 7,5 cm de kombu séché dans la casserole avant de cuire le riz, ou bien versez un peu de saké dans la préparation. Les deux pratiques sont courantes au Japon.

Variantes

Soupe miso

Recette de base p. 30

Miso rouge, bardane et carotte
Suivez la recette de base, en remplaçant le miso par de la pâte de miso rouge. Faites blanchir une julienne de bardanes et de carottes. Arrosez d'un filet d'huile de sésame.

Miso rouge, champignons shiitake et ciboule chinoise nira
Suivez la recette de base, en remplaçant le miso par de la pâte de miso rouge. Ajoutez quelques champignons shiitake et de la ciboule chinoise blanchis.

Saikyo miso et poisson
Suivez la recette de base. Versez de l'eau bouillante sur des morceaux de 2,5 cm de filet de poisson blanc. Hachez des feuilles de trèfle mitsuba ou de la ciboulette, et ajoutez-les au poisson, ainsi que quelques feuilles d'épinards.

Saikyo miso et renkon
Suivez la recette de base. Coupez 1 racine de lotus en tranches de 1,25 cm d'épaisseur, coupez chacune en quatre et faites blanchir. Ajoutez 2 morceaux de renkon dans chaque bol.

Ragoût de miso et gochujang
Suivez la recette de base, en remplaçant le miso par de la pâte de miso foncée. Incorporez 1 c. à c. rase de gochujang (pâte de piment coréenne). Dans chaque bol de miso, ajoutez quelques morceaux de 2 cm de chou chinois blanchis, une poignée de champignons enoki, 2 morceaux de 2 cm de ciboule chinoise nira et 4 cubes de tofu.

Variantes

Tsukemono – gingembre confit gari

Recette de base p. 32

Concombre confit au sel
Suivez la recette de base, en remplaçant le gingembre par de petits concombres japonais. Coupez-les en rondelles, couvrez-les de sel et laissez confire au moins une nuit.

Concombre confit au vinaigre et au wasabi
Suivez la recette de base, en remplaçant le gingembre par du concombre coupé en dés. Étalez dessus un peu de wasabi.

Daikon confit au saké
Suivez la recette de base, en remplaçant le gingembre par des rondelles de radis blanc et la moitié du vinaigre de riz par du saké.

Aubergines confites
Suivez la recette de base, en remplaçant le gingembre par de petites aubergines japonaises.

Calebasse kanpyo confite
Suivez la recette de base, en remplaçant le gingembre par de la calebasse. Celle-ci est souvent proposée sous forme séchée, qu'il faut d'abord réhydrater en la plongeant une nuit dans l'eau. Remplacez le vinaigre de riz par du saké et du sel. Ajoutez quelques graines de sésame.

Chou chinois et piments confits
Suivez la recette de base, en remplaçant le gingembre par des tranches de chou chinois salé et du piment haché.

Variantes

Mayonnaise au yuzu

Recette de base p. 34

Mayonnaise au wasabi
Suivez la recette de base, en remplaçant le zeste de yuzu par de la racine de wasabi fraîchement râpée. Supprimez la moutarde en poudre.

Mayonnaise au gochujang
Suivez la recette de base, en supprimant la moutarde en poudre et en remplaçant le zeste de yuzu par 1 c. à s. (ou moins) de gochujang (pâte de piment coréenne).

Mayonnaise au kimchee
Suivez la recette de base, en supprimant la moutarde en poudre et en remplaçant le zeste de yuzu par 1 c. à s. de sauce kimchee (ou moins).

Mayonnaise pimentée
Suivez la recette de base, en supprimant la moutarde en poudre et en remplaçant le zeste de yuzu par 1 c. à s. (ou moins) de sauce thaïe au piment doux.

Mayonnaise tonkatsu
Suivez la recette de base, en supprimant la moutarde en poudre et en remplaçant le zeste de yuzu par 1 c. à s. (ou moins) de sauce tonkatsu, ou bien de sauce Worcestershire.

Variantes

Sauce teriyaki

Recette de base p. 36

Sauce teriyaki épaisse
Suivez la recette de base, en ajoutant 1 c. à c. de fécule de kuzu dans la sauce en cours de cuisson. La fécule de kuzu, d'un blanc pur, est extraite de la racine d'une légumineuse utilisée depuis plus d'un millénaire dans la cuisine japonaise. Très riche en amidon, elle est surtout employée comme liant. Pourquoi ne pas lui substituer de la fécule de maïs ? Parce que la fécule de maïs, si elle joue le même rôle, est très raffinée et traitée avec des agents chimiques de blanchiment, alors que le kuzu possède de véritables propriétés curatives. Il apaise nombre de troubles digestifs, dont l'acidité, les maux d'estomac, les infections bactériennes et la diarrhée.

Sauce teriyaki au piment et au sésame
Suivez la recette de base, en ajoutant 2 c. à c. d'huile de sésame et 1 piment rouge finement haché.

Sauce teriyaki au gingembre
Suivez la recette de base, en ajoutant 1 c. à c. de gingembre râpé oroshi.

Variantes

Ponzu

Recette de base p. 39

Vinaigrette wafu
Suivez la recette de base, en ajoutant 6 c. à s. d'huile d'arachide, 1 c. à s. de mirin, 1 c. à s. d'huile de graines de sésame rôties et un peu de moutarde japonaise.

Vinaigrette wafu au tamari
Suivez la recette de base, en remplaçant la sauce soja par du tamari, pour obtenir une sauce sans gluten, avant de l'ajouter à la sauce de la recette ci-dessus.

Beurre de ponzu
Faites chauffer 1 c. à s. de beurre dans une casserole. Ajoutez au beurre fondu 2 c. à s. de ponzu et mélangez sur feu doux. Voici une excellente sauce à verser à la cuillère sur certains sushis à base de viande ou de fruits de mer cuits.

Vinaigrette au tofu et au sésame
Mélangez ½ bloc de tofu avec 1 c. à s. d'huile de graines de sésame rôties, 2 c. à s. d'huile de tournesol, 3 c. à s. de ponzu, un peu de pâte de miso blanc et de l'ail en purée.

Vinaigrette au yuzu
Mélangez 2 c. à c. de moutarde de Dijon, 7 cl d'huile de sésame, 12 cl d'huile d'olive, 12 cl de vinaigre de riz, 25 cl de sauce soja claire, 25 cl de jus de yuzu (ou, à défaut, 12 cl de jus de citron vert), 12 cl de dashi, 4 c. à s. de sucre ou autant de jus de pomme concentré, ainsi que ½ oignon moyen finement haché.

Variantes

Saikyo miso

Recette de base p. 40

Vinaigrette au sésame

Mélangez bien 1 c. à s. de tahina (goma tare), ½ c. à s. d'huile de sésame, 1 c. à s. de sauce soja, ¼ de c. à c. d'ail râpé, ¼ de c. à c. de gingembre râpé, ¾ de c. à s. de vinaigre de riz, ½ c. à s. de miel liquide, un filet de jus de citron et jusqu'à 2 c. à s. de bouillon dashi. Ajoutez plus ou moins de dashi jusqu'à obtenir une sauce de l'épaisseur souhaitée.

Dip crémeux et épicé au miso blanc

Mélangez du saikyo miso et de la mayonnaise au wasabi, à parts égales.

Variantes

Sauce ceviche

Recette de base p. 43

Sauce au jalapeño
Mélangez 2 jalapeños finement hachés, 7 c. à s. d'oignons finement hachés, 30 g de coriandre hachée, 30 g de persil plat haché, 1 c. à s. de sauce soja, ½ c. à s. de vinaigre de riz, ¼ de c. à c. d'huile pimentée et 1 c. à s. d'huile d'olive. Servez aussitôt.

Sauce au piment coréen
Mélangez 3 c. à s. de gochujang (pâte de piment coréenne), 3 c. à s. de vinaigre, ½ c. à s. de sucre, 1 c. à s. de jus de pomme, 1 c. à s. de graines de sésame, 1 c. à s. de ciboule hachée et ½ bol d'huile de sésame.

Sauce pomme-moutarde
Râpez ½ pomme, 1 morceau de 3,5 cm de gingembre et ½ petit oignon (tous façon oroshi). Mélangez 12 cl de vinaigre de riz, 2½ c. à s. d'huile de pépins de raisin, 2½ c. à s. d'huile de graines de sésame rôties, 2 c. à s. de saké et 4 c. à c. de sauce soja. Mélangez cette sauce aux ingrédients râpés, puis ajoutez 1 c. à c. de piment shichimi, 1 c. à c. de graines de sésame poêlées et 1 c. à s. bombée de moutarde à l'ancienne.

Variantes

Bouillon dashi

Recette de base p. 44

Bouillon dashi végétarien
Faites tremper 2 morceaux de kombu de 15 cm de long ainsi que 3 champignons shiitake séchés dans 1,5 l d'eau environ durant au moins 30 min. Portez ensuite à ébullition et laissez frémir 15 min. Filtrez pour supprimer le kombu et les champignons, puis laissez le bouillon refroidir.

Sauce pour tempura
Dans une casserole, versez 25 cl de bouillon dashi, 6 cl de hon-mirin et 6 cl de sauce soja. Mélangez bien. Portez à ébullition sur feu moyen pendant 2 min.

Nigiri

La forme nigiri est un style classique de sushis développé à Edo (premier nom de Tokyo) dans les années 1820, lorsque l'emploi du vinaigre de riz et du sucre se répandit. Il s'agirait du plus ancien des types de sushis parvenus jusqu'à nous ; c'est aussi celui qui figure le plus couramment dans un menu traditionnel de sushis au Japon.

Nigiri de saumon

Pour 45 pièces environ

Lors de mon premier séjour au Japon, dans les années 1980, on ne trouvait pas de saumon sous forme crue. Cela a changé avec la forte croissance des élevages de saumons dans les années 1990, et ce poisson fait maintenant partie des cinq espèces les plus consommées au Japon. Si vous utilisez du saumon sauvage, il est conseillé de choisir un saumon entier d'environ 4 kg qui n'a pas encore pondu, car sa chair se détériore ensuite rapidement. Le saumon sauvage doit être mariné et grillé (p. 58).

500 g de filet de saumon, avec la peau
700 g de riz shari (p. 28)
Wasabi
Sauce soja

Retirez la peau des filets. Maintenez le couteau à un angle de 45° par rapport au poisson et taillez des tranches en biais de façon que chacune soit légèrement biseautée. En appuyant assez fermement avec les doigts sur le filet, taillez-en l'ensemble en tranches régulières.

Employez la technique décrite p. 20-21 pour préparer des boulettes de riz shari et réaliser vos nigiri de saumon. La forme finale doit être régulière et, si vous avez réussi à manipuler le riz et le saumon le moins possible, le nigiri doit sembler sur le point de prendre la mer !

Il est d'usage de servir les nigiri par deux. Disposez un petit bol de sauce soja, trempez-y délicatement le sushi, côté saumon vers le haut, et dégustez aussitôt.

Voir variantes p. 79

Nigiri de thon mariné

Pour 20 pièces environ

Avant l'introduction de la congélation en mer, les Japonais recouraient souvent à cette méthode pour conserver le poisson. Tandis que les réserves de thon diminuent, la qualité de ce poisson devient de plus en plus irrégulière. Toutefois, cette marinade améliorera nettement n'importe quelle recette à base de thon.

25 cl de sauce soja
12 cl de mirin
12 cl de saké
500 g de filet de thon
700 g de riz shari (p. 28)
Wasabi
Ciboule ciselée
Gingembre râpé

Versez la sauce soja, le mirin et le saké dans une casserole et portez doucement à ébullition. Retirez du feu et laissez refroidir. Coupez le filet de thon en morceaux de 7,5 cm de long. Mettez-les dans une passoire et couvrez d'un torchon propre. Versez de l'eau bouillante sur le torchon. Quand la surface du poisson a changé de couleur, retournez-le et répétez l'opération. Enlevez le torchon et transférez aussitôt le thon dans un saladier d'eau glacée. Séchez-le lorsqu'il est refroidi. Mettez les morceaux de thon dans la marinade au soja et laissez-les mariner 30 à 40 min. Munissez-vous d'un couteau yanagiba à lame étroite. Tenez-le parallèlement au poisson et découpez-y des tranches de 6,5-7,5 × 2,5 cm, sur 5 mm d'épaisseur, pesant chacune environ 15 g.

Coupez le poisson perpendiculairement aux tendons. Sinon, des tranches entières pourraient être de couleur blanche et difficiles à mâcher. Confectionnez les nigiri comme indiqué p. 20-21. Parsemez chacun d'eux d'une pincée de ciboule ciselée et de gingembre râpé.

Voir variantes p. 80

Nigiri de maquereau

Pour 20 pièces environ

Riche en oméga-3, le maquereau est bon pour la santé. La marinade au vinaigre rehausse sa saveur naturelle, en éliminant les bactéries souvent présentes dans les poissons gras.

2 filets de maquereau d'environ 200 g chacun (issus de gros maquereaux de plus de 1 kg si possible)
4 c. à s. de sel de mer
25 cl de vinaigre de riz
400 g de riz shari (p. 28)
Ciboule ciselée
Gingembre râpé

Levez les filets du maquereau selon la méthode de découpe en trois parties (p. 16). Déposez-les, peau vers le bas, dans une passoire en bambou tapissée de la moitié du sel. Saupoudrez-les du sel restant de façon uniforme et placez 45 min au réfrigérateur, le temps de dissoudre le sel. Rincez les filets sous l'eau froide et séchez-les. Placez-les, peau vers le bas, dans un récipient propre à fond plat et versez du vinaigre de riz de façon à les couvrir entièrement. Laissez mariner 30 min à 1 h, selon la taille du poisson (la chair doit être légèrement rouge à l'intérieur). Égouttez les filets. Posez-les sur une planche à découper et passez les doigts sur la chair, pour repérer les arêtes, que vous extrairez à la pince à épiler. Retournez les filets et ôtez délicatement la fine peau, en laissant intacte la couleur grise en dessous.

Couvrez d'un film alimentaire ou d'un torchon humide et placez au réfrigérateur jusqu'au moment de confectionner les nigiri. Découpez le maquereau en tranches de 3 mm d'épaisseur et d'environ 20 g chacune. Pratiquez des entailles en diagonale dans la peau, pour révéler le contraste entre la peau argentée et la chair rouge. Confectionnez les nigiri comme indiqué p. 20-21. Parsemez-les de ciboule ciselée et de gingembre râpé.

Voir variantes p. 81

Nigiri de homard et mayonnaise au yuzu

Pour 20 pièces environ

Les crustacés sont du plus bel effet sur les sushis nigiri, auxquels ils apportent leur couleur et leur texture. Ils comptent parmi les rares ingrédients des nigiri à être souvent cuits.

300 g de homard (la queue suffit)
400 g de riz shari (p. 28)
Bandes de nori
120 g de mayonnaise au yuzu (p. 34)
Ciboule ciselée

Préparez une grande casserole contenant suffisamment d'eau pour couvrir le homard, ainsi qu'un grand saladier d'eau glacée. Enfermez le homard dans un sac en plastique avant de placer celui-ci 2 h au congélateur, ce qui va l'endormir.

Plongez le homard 4 min dans l'eau bouillante, puis trempez-le dans l'eau glacée. Quand il est refroidi, ôtez la chair de la carapace. Coupez la queue en morceaux de 7,5 × 2,5 cm. Confectionnez les nigiri comme indiqué p. 20-21.

Enroulez une bande de nori autour de chaque nigiri, pour tenir le morceau de homard en place s'il semble vouloir tomber (non représenté). Surmontez chaque morceau de homard de 1 c. à c. de mayonnaise au yuzu et parsemez de ciboule.

Voir variantes p. 82

Saumon fumé au thé et pousses de shiso

Pour 20 pièces environ

Le poisson fumé n'est pas un ingrédient traditionnel des sushis, mais, si vous avez des doutes concernant la qualité ou la fraîcheur de votre poisson, le fumer est un moyen à la fois sécurisant et savoureux de le préparer.

3 c. à s. de feuilles de thé vert hojicha
400 g de riz shari (p. 28)
5 c. à c. de cassonade
5 c. à c. de graines de sésame
1 gousse d'ail, non pelée
450 g de filet de saumon
3 c. à s. de riz cru
120 g de mayonnaise au wasabi (p. 50)
Pousses de shiso

Mélangez le thé vert, le riz, le sucre, les graines de sésame et l'ail afin d'y fumer le poisson. Tapissez le fond d'un wok d'une feuille de papier d'aluminium et versez-y la préparation. Placez une passoire ou un panier-vapeur dans le wok. Déposez-y le saumon, couvrez, puis faites fumer 8 min sur feu moyen.

Il est préférable d'emporter le wok dehors avant de soulever le couvercle, car une grande quantité de fumée va se dégager. Ôtez le couvercle : quand la fumée s'est dissipée, vous obtenez un délicieux saumon fumé au thé. Lorsqu'il est suffisamment refroidi pour être découpé, taillez-le en morceaux de 7,5 × 2,5 cm, sur 5 mm d'épaisseur. Confectionnez les nigiri comme indiqué p. 20-21. Surmontez chacun d'eux de 1 c. à c. de mayonnaise au wasabi et parsemez de pousses de shiso.

Voir variantes p. 83

Nigiri de foie gras à la grenade

Pour 20 pièces environ

Voici un nigiri aussi peu conventionnel qu'exquis. Prenez le temps de trouver du foie gras issu d'un élevage respectueux des animaux. Vous pouvez aussi essayer de vous procurer du « foie gras de la mer », c'est-à-dire du foie de lotte (p. 206), très prisé au Japon.

250 g de foie gras d'oie
Fécule de pomme de terre
12 cl de vinaigre de riz
25 cl de sauce soja
12 cl de mirin
Huile de truffe
1 c. à s. de graines de grenade
400 g de riz shari (p. 28)
Bandes de nori
Poireau haché

Passez un couteau aiguisé sous l'eau chaude et coupez le foie gras en tranches de 1,75 cm d'épaisseur. Enrobez-les de fécule. Faites chauffer une poêle anti-adhésive sur feu moyen, à sec, et mettez-y le foie gras à dorer légèrement sur les deux faces ; il doit être croustillant en surface. Traitez les morceaux un par un, sans les briser. Égouttez-les sur un torchon.

Dans la même poêle, où vous aurez laissé un peu de la graisse rendue par le foie gras, versez le vinaigre de riz, la sauce soja et le mirin. Faites réduire sur feu vif, avant d'ajouter un peu d'huile de truffe. Une fois la sauce réduite et épaissie, ajoutez les graines de grenade.

Façonnez des boulettes de riz comme indiqué p. 20-21, puis disposez-les sur une planche à découper. Déposez délicatement le foie gras sur le dessus et maintenez-le avec une bande de nori (non représenté). Surmontez chaque nigiri de poireau haché et de quelques graines de grenade supplémentaires. Versez la sauce à la cuillère sur les nigiri au moment de servir.

Voir variantes p. 84

Nigiri de rouget yubiki

Pour 20 pièces environ

Le rouget et la daurade sont généralement appelés *tai* au Japon, un terme qui recouvre près de 200 espèces différentes. Leur point commun en termes de préparation de sushis est leur chair ferme à la consistance homogène relativement pauvre en graisses et leur goût simple, mais caractéristique. Ils sont très prisés au Japon. Le tai simplement salé et grillé est notamment servi au Nouvel An ou lors des anniversaires.

300 g de filets de rouget
Sel de mer
400 g de riz shari (p. 28)
Le zeste de 1 citron vert

Le rouget possède une peau délicieuse, mais dure et difficile à mâcher. Pour cette raison, on recourt souvent à la technique du yubiki, qui consiste à l'ébouillanter. Seule la peau est ainsi cuite, tandis que la chair au-dessous reste crue.

Placez les filets de rouget dans une passoire en bambou, peau vers le haut, et saupoudrez-les de sel. Posez un linge fin sur le poisson puis arrosez-le d'eau bouillante, de la queue à la tête (dans le sens opposé à celui des écailles). Plongez rapidement les filets dans un saladier d'eau glacée.

Quand le poisson est suffisamment refroidi pour être manipulé, découpez-le en morceaux de 7,5 × 2,5 cm environ, sur 3 mm d'épaisseur. Confectionnez les nigiri comme indiqué p. 20-21. Parsemez d'une pincée de zeste de citron vert et saupoudrez de sel.

Voir variantes p. 85

Lieu jaune aburi

Pour 20 pièces environ

Les sushis grillés, ou *aburi*, sont apparus il y a près d'un siècle au Japon. Le fait d'appliquer une légère flamme directement sur le poisson exalte ses saveurs naturelles.

300 g de filet de lieu jaune
400 g de riz shari (p. 28)
Parmesan râpé
Ciboulette ciselée

Munissez-vous d'un chalumeau de cuisine. Coupez le poisson en tranches de 7,5 × 2,5 cm environ, sur 3 mm d'épaisseur. Confectionnez les nigiri comme indiqué p. 20-21.

Disposez les nigiri sur une plaque en acier inoxydable et parsemez-les de parmesan. Passez doucement la flamme du chalumeau sur le dessus du poisson, de façon que sa surface soit grillée. Surmontez de ciboulette ciselée.

Vous aurez remarqué que les nigiri sont toujours servis par deux, jamais seuls ni par trois. En japonais, « une pièce » *(hito kire)* veut aussi dire « tuer quelqu'un », tandis que « trois pièces » *(mi kire)* ressemble au mot « suicide ». Ainsi demander deux nigiri semble-t-il plus sécurisant – mais, surtout, c'est la quantité idéale pour les déguster.

Voir variantes p. 86

Nigiri de piments shishito grillés

Pour 20 pièces environ

Les sushis végétariens sont peu courants dans les bars à sushis traditionnels japonais, mais ils sont devenus très populaires en Occident, au moment où s'affirmait le désir de diminuer la consommation de protéines animales et l'apport calorique. Pourtant, un repas composé de sushis est peu énergétique, malgré l'emploi du sucre et du riz. Un repas standard représente en effet moins de 500 calories.

20 piments shishito, ou pedron espagnols
25 cl de dashi (p. 44)
1 c. à s. de sauce soja claire
3/4 de c. à s. de mirin
1 c. à s. de saké
400 g de riz shari (p. 28)
12 cl d'aïoli au paprika fumé

Cette recette débute par une forme de cuisson classique au Japon : *nimono*, ou pochée. Ôtez le pédoncule des piments. Dans une casserole, versez le bouillon dashi, la sauce soja, la mirin et le saké, et portez doucement à ébullition. Ajoutez-y les piments et laissez cuire à feu doux pendant 2 min. Voici le nimono de base. Retirez les piments de la casserole et placez-les 1 min sous un gril, jusqu'à en brunir légèrement la peau.

Confectionnez les nigiri comme indiqué p. 20-21. Surmontez d'une touche d'aïoli au paprika fumé (mayonnaise parfumée).

Voir variantes p. 87

Nigiri de poulpe

Pour 40 pièces environ

Le poulpe et le calamar sont souvent consommés crus au Japon. Ils peuvent aussi être cuits pour attendrir leur chair, ce qui fait l'objet de la présente recette.

1 poulpe entier de 1,5 kg
1 c. à s. de sel de mer
25 cl de sauce soja foncée
12 cl de mirin
12 cl de saké
800 g de riz shari (p. 28)
Bandes de nori

Choisissez un gros poulpe entier (les petits ne conviennent pas pour les sushis). Vous pouvez en utiliser un surgelé. Coupez à l'endroit où les tentacules rejoignent la tête et ôtez le bec avec vos doigts. Retournez la tête pour enlever ce qu'elle contient. Rincez soigneusement sous l'eau froide et retirez les éventuels morceaux de tendons. Il existe différentes façons d'attendrir la chair, toutes assez peu conventionnelles ! Tapez sur la chair avec un demi-daikon cru ou bien encore ajoutez un sachet de thé dans l'eau de cuisson lorsqu'elle bout. Remplissez une grande casserole avec suffisamment d'eau pour couvrir le poulpe, ajoutez 1 c. à s. de sel de mer et portez à ébullition. Plongez-y le poulpe, les tentacules en premier. Portez de nouveau à ébullition, puis baissez le feu et laissez cuire sur feu doux, à couvert, 30 min environ. Sortez la casserole du feu et laissez le poulpe refroidir dans l'eau.

Portez doucement la sauce soja, le mirin et le saké à ébullition. Baissez le feu, puis laissez réduire 15 min environ. Retirez du feu et laissez refroidir. Coupez les tentacules en tranches adaptées aux nigiri et confectionnez ceux-ci comme indiqué p. 20-21. Enroulez une bande de nori autour du poulpe. Étalez délicatement au pinceau la sauce réduite sur le poulpe.

Voir variantes p. 88

Nigiri de carrelet grillé

Pour 20 pièces environ

Le yuzu est un agrume typiquement japonais, sans équivalent dans d'autres pays. Sa chair est rarement utilisée, mais son zeste et son jus sont appréciés tant pour leur arôme que pour leur saveur.

1/4 de daikon moyen
1 c. à c. de yuzu kosho
130 g de filet de carrelet (ou autre poisson plat)
400 g de riz shari (p. 28)

Râpez le radis blanc sur une râpe plate fine, jusqu'à obtenir une consistance presque pâteuse. Ajoutez 1 c. à c. bombée de yuzu kosho et mélangez. Levez les filets pour la préparation des nigiri. Faites une incision au milieu du poisson le long de l'arête centrale, puis de chaque côté, pour lever les deux filets supérieurs, en déplaçant le couteau le long de l'arête en descendant vers la queue. Retournez le poisson et procédez de même pour lever les deux filets inférieurs, en plaçant un torchon en dessous, car il est maintenant glissant. Essuyez bien la planche et le poisson, qui doivent rester secs. Rincez si besoin. Pelez les filets. Coupez en tranches neta d'environ 15 g chacune. Incisez le haut de chaque neta avec un couteau aiguisé, de façon identique sur chaque morceau, en travers sur la partie supérieure, pour améliorer à la fois l'aspect et la texture du sushi. Confectionnez les nigiri comme indiqué p. 20-21.

Quand les nigiri sont prêts, placez deux piques à brochettes sous un gril ou sur le barbecue, jusqu'à ce qu'elles soient brûlantes. Prenez-les avec précaution et appuyez-les sur le dessus des nigiri de façon à y imprimer des marques noires. Surmontez du mélange de radis.

Voir variantes p. 89

Nigiri de bœuf tataki et caviar

Pour 20 pièces environ

Tataki signifie « pilé » et qualifie des ingrédients finement hachés, souvent le gingembre ou l'ail, qui sont servis avec de la viande ou du poisson pour en relever le goût. Ils sont généralement proposés en accompagnement ou bien utilisés en marinade d'une viande ou d'un poisson.

1 c. à s. de gingembre oroshi
1 c. à s. d'ail oroshi
1 poireau
450 g de filet de bœuf, d'environ 3,5 cm d'épaisseur
Huile végétale
400 g de riz shari (p. 28)
15 g de caviar

À l'aide d'une râpe plate, râpez le gingembre puis l'ail jusqu'à obtenir une consistance presque pâteuse. Émincez finement un morceau de poireau de 5 cm. Dégraissez le filet de bœuf. Faites chauffer un peu d'huile végétale dans une petite poêle et mettez-y la viande à revenir rapidement – comptez 1 min environ par face, de façon à dorer l'extérieur tout en gardant l'intérieur cru.

Découpez le bœuf en tranches très fines de 7,5 × 3,5 cm environ. Confectionnez les nigiri comme indiqué p. 20-21. Une fois les nigiri prêts, placez deux piques à brochette sous le gril ou sur un barbecue jusqu'à ce qu'elles soient brûlantes. Prenez-les avec précaution et appuyez-les sur le dessus des nigiri de façon à y imprimer des marques noires. Surmontez chaque nigiri d'½ c. à c. de caviar, de petits tas de gingembre et d'ail oroshi râpés et de poireau finement émincé.

Voir variantes p. 90

Nigiri d'omelette tamago

Pour 10 pièces environ

On entend souvent dire que les Japonais n'ont pas de dessert, mais c'est faux. Les plats sucrés se dégustent simplement avec une tasse de thé entre deux repas. Ainsi, il n'est pas rare de terminer un menu de sushis avec un sushi sucré tamago.

1 c. à c. de sucre
3 cl de dashi (p. 44)
2 c. à c. de sauce soja
1 c. à c. de mirin
6 œufs
Huile végétale
400 g de riz shari (p. 28)
Feuille de nori
Wasabi

Préparez l'omelette comme indiqué p. 189. Confectionnez les nigiri comme indiqué p. 20-21. Coupez une bande de nori de 1,25 × 7,5 cm et enroulez-la au milieu du tamago. C'est une façon traditionnelle de maintenir une garniture qui ne tient pas bien en place, et non une astuce d'amateur !

Pour réaliser une version végétarienne, préparez votre dashi avec du kombu et des shiitake, au lieu des flocons de bonite katsuo comme indiqué p. 44.

Voir variantes p. 91

Variantes

Nigiri de saumon

Recette de base p. 57

Nigiri de thon
Remplacez le saumon par du thon albacore.

Nigiri de bar, ciboule et gingembre
Remplacez le saumon par du bar. En règle générale, on obtient une texture plus fondante avec un gros bar adulte. Avec une râpe plate, râpez un morceau de gingembre de 1,5 cm. Ciselez finement la moitié d'une ciboule en utilisant de préférence la partie où la couleur passe du blanc au vert. Saupoudrez une petite pincée de gingembre et de ciboule au centre du poisson, sur le dessus.

Nigiri de turbot, prune ume et ciboulette
Remplacez le saumon par du turbot. Avec une petite cuillère, déposez délicatement un petit tas de purée de prunes ume au centre du turbot avant de parsemer de ciboulette ciselée.

Nigiri de lieu jaune hamachi et ciboulette
Remplacez le saumon par du lieu jaune. Sa chair fondante ne requiert qu'une préparation réduite. Surmontez-la seulement de ciboulette ciselée.

Nigiri de chinchard, ciboule et gingembre
Remplacez le saumon par du chinchard et garnissez de ciboule et de gingembre, comme dans la deuxième variante ci-dessus.

Variantes

Nigiri de thon mariné

Recette de base p. 58

Nigiri de limande-sole et sauce soja, mirin et saké
Remplacez le thon par 1 filet de limande-sole. Une fois le poisson pelé, coupez-le en tranches fines de 3 mm d'épaisseur et ne laissez mariner que 20 à 30 min.

Nigiri de mulet et sauce soja, mirin et saké
Remplacez le thon par 1 filet de mulet. Coupez-le en tranches de 3 mm d'épaisseur environ et ne laissez mariner que 20 à 30 min.

Nigiri de crevettes tigrées au vinaigre shari
Remplacez le thon par des crevettes géantes tigrées cuites. Faites-les mariner dans le mélange de vinaigre shari utilisé pour préparer le riz à sushi (p. 28).

Nigiri de crevettes tigrées au jus de gingembre gari
Remplacez le thon par des crevettes géantes tigrées cuites. Supprimez l'étape de l'eau bouillante. Le gingembre confit gari que l'on trouve dans les boutiques japonaises est présenté sous vide avec son jus, mais vous pouvez préparer vous-même du gingembre confit. Utilisez le jus vinaigré du gingembre pour y faire mariner les crevettes durant 30 min environ.

Variantes

Nigiri de maquereau

Recette de base p.61

Nigiri de hareng au vinaigre de riz
Remplacez le maquereau par du hareng et ne laissez mariner que 30 min environ.

Nigiri de sardine au vinaigre de riz
Remplacez le maquereau par de la sardine et ne laissez mariner que 45 min environ.

Nigiri de chinchard aji au vinaigre de riz
Remplacez le maquereau par du chinchard, un poisson très sous-estimé en dehors du Japon. Ne laissez mariner que 30 min environ.

Nigiri d'anchois au vinaigre de riz
Remplacez le maquereau par des anchois et ne laissez mariner que 10 min environ. Si vous utilisez des anchois en conserve, veillez à bien les rincer, pour les débarrasser de leur sel, et à ôter l'arête centrale ainsi que la queue.

Variantes

Nigiri de homard et mayonnaise au yuzu

Recette de base p. 62

Nigiri de crevettes tigrées
Remplacez le homard par des crevettes tigrées géantes, préparées comme indiqué p. 225.

Nigiri de crevettes sucrées ama ebi
Remplacez le homard par des crevettes sucrées ama ebi. Ôtez délicatement la tête et la carapace des crevettes de façon à ne pas casser la queue, en enlevant le système digestif. Laissez tremper 5 min dans un bol d'eau salée, puis rincez. L'ama ebi possède une saveur caractéristique, mais il est intéressant d'y ajouter une touche de mayonnaise. Accompagnez ces crevettes d'une mayonnaise au wasabi (p. 50) plutôt qu'au yuzu.

Nigiri de saint-jacques et shiso
Pour rester dans le ton de la variante crue ci-dessus, préparez des noix de saint-jacques comme indiqué p. 110. Coupez une feuille de shiso en deux et posez-la sur la boulette de riz shari avant de la surmonter de saint-jacques crue. Les noix de saint-jacques ont une délicieuse saveur douce, mais une touche de mayonnaise au wasabi (p. 50) les relève divinement.

Nigiri de palourdes rouges (vernis) akagai
Remplacez le homard par des palourdes rouges akagai. On utilise ici l'extérieur du manteau qui enveloppe le corps de la palourde. Essayez de trouver un épicier japonais qui vous les préparera. Préférez ces nigiri sans mayonnaise.

Variantes

Saumon fumé au thé et pousses de shiso

Recette de base p.64

Nigiri de lieu jaune, sauce à la coriandre et au jalapeño
Remplacez le filet de saumon par du lieu jaune, et la mayonnaise au wasabi ainsi que la ciboulette par une sauce pimentée à la coriandre.

Nigiri de saumon fumé au thé et garniture de soja, mirin, kimchee et piment shichimi
Mélangez autant de sauce soja claire que de mirin et ajoutez 1 c. à c. de sauce kimchee. Étalez ce mélange au pinceau sur le dessus du saumon fumé au thé, puis saupoudrez d'une pincée de shichimi.

Nigiri de saumon fumé, fromage frais et ciboulette
Remplacez le saumon fumé au thé par des tranches plus fines de saumon fumé. Surmontez chaque nigiri d'une noix de fromage frais battu jusqu'à consistance lisse, puis ajoutez de la ciboulette finement ciselée.

Nigiri d'avocat et sauce à la coriandre et au jalapeño
Une délicieuse variante végétarienne consiste à remplacer le saumon fumé au thé par une tranche d'avocat, qui se marie très bien avec la sauce pimentée à la coriandre et au jalapeño (voir plus haut).

Variantes

Nigiri de foie gras à la grenade

Recette de base p. 66

Nigiri de canard saisi à la ciboulette
Préparez des magrets de canard de la même façon que le foie gras, avec un peu d'huile dans la poêle. N'enrobez pas les magrets de fécule. Décorez de ciboulette ciselée, pour donner de la couleur.

Nigiri de bœuf saisi aux baies roses
Préparez du filet de bœuf comme le foie gras, avec un peu d'huile dans la poêle. N'enrobez pas la viande de fécule. Remplacez la grenade de la sauce par des baies roses.

Nigiri de lieu jaune saisi au wasabi
Préparez du filet de lieu jaune comme le foie gras, avec un peu d'huile dans la poêle. N'enrobez pas le poisson de fécule. Remplacez la grenade de la sauce par une touche de poudre de wasabi.

Nigiri de thon saisi, sauce coréenne et ciboule
Préparez du filet de thon comme le foie gras, avec un peu d'huile dans la poêle. N'enrobez pas le poisson de fécule. Remplacez la grenade de la sauce par 1 c. à c. de gochujang (pâte de piment coréenne), puis parsemez de ciboule ciselée.

Nigiri de foie de lotte ankimo
Préparez l'ankimo, ou « foie gras de la mer », comme indiqué p. 206, en l'enrobant de fécule de pomme de terre. Ajoutez du piment sansho dans la sauce puis parsemez de ciboule.

Variantes

Nigiri de rouget yubiki

Recette de base p. 69

Nigiri de turbot yubiki, daikon oroshi
Remplacez le rouget par du turbot et la garniture de citron vert et de sel par du radis blanc râpé.

Nigiri de limande-sole yubiki, sel et citron vert
Remplacez le rouget par de la limande-sole.

Nigiri de daurade rose yubiki, sel et citron
Remplacez le rouget par de la daurade rose. La daurade rose est un excellent exemple de la technique yubiki, car ses écailles rouges contrastent bien avec sa chair blanche. Décorez d'un mélange de sel et de zestes de citron.

Nigiri de barbue yubiki, ciboule et gingembre
Remplacez le rouget par de la barbue. Garnissez de gingembre râpé oroshi et de ciboule finement ciselée.

Variantes

Lieu jaune aburi

Recette de base p. 70

Nigiri de thon aburi et mayonnaise au piment coréen
Remplacez le lieu jaune par du thon, passez à la flamme du chalumeau et garnissez d'une touche de mayonnaise au gochujang (p. 50).

Nigiri de sole aburi et yuzu kosho
Remplacez le lieu jaune par de la sole (ou un autre poisson blanc plat à chair ferme). Surmontez de yuzu kosho.

Nigiri de saumon aburi, saikyo miso et ciboulette
Remplacez le lieu jaune par du saumon, passez à la flamme du chalumeau, garnissez de saikyo miso (p. 40), puis passez de nouveau le chalumeau. Parsemez de ciboulette finement ciselée.

Nigiri d'œufs d'oursin uni aburi et sel de mer
Remplacez le lieu jaune par des œufs d'oursin. Passez à la flamme du chalumeau, saupoudrez d'une toute petite pincée de bon sel de mer et maintenez les nigiri avec une bande de nori.

Nigiri de tofu aburi et saikyo miso
Remplacez le lieu jaune par des morceaux de tofu découpés de la forme qui convient pour les nigiri, passez à la flamme du chalumeau et garnissez de saikyo miso (p. 40). Passez de nouveau le chalumeau afin d'obtenir un plat classique au tofu dengaku.

Variantes

Nigiri de piments shishito grillés

Recette de base p. 73

Nigiri de champignons shiitake nimono et aïoli au paprika fumé
Remplacez les piments par des shiitake. Si vous les utilisez séchés, faites cuire à l'eau un gros champignon par nigiri, un peu plus longtemps que s'ils étaient frais.

Nigiri de champignons enoki nimono et aïoli au paprika fumé
Remplacez les piments par des champignons enoki. Faites cuire une petite poignée d'enoki par nigiri, en veillant à ne pas en casser le pied.

Nigiri d'avocat et aïoli au paprika fumé
Remplacez les piments grillés par des tranches d'avocat. Un gros avocat vous permettra de réaliser 5 nigiri.

Nigiri de tofu mariné, gingembre et ciboule
Remplacez les piments par du tofu. Faites légèrement griller un bloc de tofu ferme mariné au soja (p. 58), coupez-le en tranches de 1,75 cm et surmontez-le de gingembre confit (p. 32).

Nigiri de shiso et prune ume
Prenez une feuille de shiso entière, donnez-lui la forme d'un nigiri et garnissez d'une noix de pâte de prunes ume piquante.

Nigiri de tamago sucré
Remplacez les piments par du tamago. Préparez l'omelette comme indiqué p. 189. Coupez-la en tranches de 5 × 2,5 cm et maintenez les nigiri avec une petite lanière de nori.

Variantes

Nigiri de poulpe

Recette de base p. 74

Nigiri de poulpe et nori
Supprimez la sauce à la fin.

Nigiri de poulpe, piment, daikon oroshi et citron vert
Supprimez la sauce soja, râpez le radis blanc et mélangez-le avec du piment rouge finement haché et du zeste de citron vert pour en garnir le nigiri.

Nigiri de calamar, prune ume et ciboule
Remplacez le poulpe par du calamar préparé comme indiqué p. 17. Faites griller le calamar jusqu'à ce qu'il devienne opaque. Coupez-le à la forme qui convient aux nigiri et surmontez de pâte de prunes ume, puis parsemez de ciboule ciselée.

Nigiri de calamar, piment et citron vert
Remplacez le poulpe par du calamar préparé comme indiqué p. 17. Faites griller le calamar jusqu'à ce qu'il devienne opaque. Coupez-le à la forme qui convient aux nigiri et surmontez de piment finement haché et de zestes de citron vert.

Nigiri de calamar et shiso
Remplacez le poulpe par du calamar préparé comme indiqué p. 17. Faites griller le calamar jusqu'à ce qu'il devienne opaque. Coupez-le à la forme qui convient aux nigiri, étalez dessus de la marinade au soja et décorez de feuille de shiso hachée.

Variantes

Nigiri de carrelet grillé

Recette de base p. 76

Nigiri de bar grillé
Remplacez le carrelet par du bar.

Nigiri de saumon grillé et piment shichimi
Remplacez le carrelet par du filet de saumon. Faites-le griller un peu plus longtemps, le saumon ayant une chair plus grasse et plus dense. Saupoudrez de piment shichimi.

Nigiri de thon grillé, sel de mer et poivre noir
Remplacez le carrelet par du filet de thon. Après avoir grillé le poisson, garnissez simplement de poivre noir concassé et de sel de mer.

Nigiri de crabe royal grillé et aïoli au wasabi
Remplacez le carrelet par la chair d'un crabe royal. Faites cuire le crabe à l'eau bouillante et découpez la carapace avec des ciseaux pour extraire les pinces d'un seul tenant. Chaque morceau de crabe formant un nigiri, veillez à ne pas briser la chair en l'extrayant. Maintenez les nigiri avec des bandes de nori. Une fois le dessus grillé, garnissez d'aïoli au wasabi.

Nigiri de saint-jacques grillées et shiso
Remplacez le carrelet par des noix de saint-jacques préparées comme indiqué p. 110. Surmontez de shiso ciselé.

Variantes

Nigiri de bœuf tataki et caviar

Recette de base p. 77

Nigiri de caille tataki et ciboule
Suivez la recette de base, en remplaçant le bœuf par 1 blanc de caille. Saisissez et surmontez de ciboule finement ciselée, ainsi que de gingembre et d'ail râpés oroshi.

Nigiri de canard tataki et grenade
Suivez la recette de base, en remplaçant le bœuf par du magret de canard. Saisissez, puis surmontez de daikon oroshi (radis blanc râpé), mélangé à quelques graines de grenade et à un filet de sauce soja.

Nigiri de chorizo et aïoli au paprika fumé
Suivez la recette de base, en remplaçant le bœuf par un chorizo de 150 g poêlé et coupé en biais de façon à obtenir de longues lamelles. Garnissez le nigiri d'une touche d'aïoli au paprika fumé et d'ail râpé oroshi.

Variantes

Nigiri d'omelette tamago

Recette de base p. 78

Nigiri de tamago sucré aux haricots azuki
Suivez la recette de base, en ajoutant 1 c. à s. de haricots cuits et sucrés dans la préparation d'œufs crus.

Nigiri sucré de gelée de haricots azuki yokan
Le yokan est une pâte épaisse de haricots rouges qui constituera une garniture sucrée très originale. Vous pouvez aussi bien utiliser du koshian, une pâte de haricot azuki, que vous trouverez dans les épiceries japonaises. Coupez le yokan en morceaux de 5 × 3,5 cm sur 7 mm d'épaisseur, que vous placerez sur le riz. Maintenez le nigiri avec une lanière de nori.

Nigiri sucré de gelée de haricots azuki yokan et châtaignes
Préparez la recette ci-dessus, en y ajoutant quelques châtaignes cuites à l'eau et finement hachées, ainsi que ½ c. à c. de miel sur le dessus du nigiri.

Gunkan

Certains ingrédients des sushis sont plus mous ou plus liquides et ont besoin d'être maintenus au-dessus du riz. C'est ce rôle que joue la bande d'algue nori. Le sushi ressemble ainsi à un vaisseau de guerre, ce qui lui vaut son nom, *gunkan*. S'il est conseillé de se mouiller les mains pour préparer le riz shari, séchez-les pour manipuler le nori.

Gunkan d'œufs de saumon ikura

Pour 1 gunkan

Certaines garnitures sont récurrentes dans la fabrication des gunkan, dont les œufs de saumon, *ikura*. Après y avoir goûté, vous vous sentirez l'âme d'un ours au bord des rivières canadiennes, guettant sa proie pour en déguster l'exquis caviar !

1 c. à c. d'œufs de saumon
1 c. à s. de sauce soja
1 c. à s. de saké
4 c. à c. de riz shari (p. 28)
1 feuille de nori
Wasabi

Mettez les œufs de saumon dans un bol et couvrez de sauce soja et de saké. Laissez mariner au moins 4 h au réfrigérateur. Jetez la marinade, en veillant à ne pas briser les œufs.

Coupez le nori en bandes de 15 × 2,5 cm (1 feuille de nori donne 6 lanières). Mouillez vos mains à l'eau vinaigrée. Prenez une boulette de riz de la taille d'une balle de golf et donnez-lui une forme oblongue, avec des angles arrondis. Séchez votre main droite et placez-y une bande de nori. En tenant le côté irrégulier du côté du riz, appuyez l'extrémité du nori sur le riz et enroulez-le autour de la boulette. Prenez un grain de riz, écrasez-le et servez-vous-en pour coller les extrémités du nori qui se chevauchent. Étalez un peu de wasabi sur le riz, puis ajoutez 1 c. à c. d'œufs de saumon, en veillant à ne pas humidifier les côtés du nori.

Servez aussitôt (généralement par deux), sinon le nori, détrempé, devient difficile à manger. Pour cette raison, si vous préparez plusieurs types de sushis, gardez les gunkan pour la fin. Les œufs de saumon sont relativement salés, mais, si vous souhaitez ajouter de la sauce soja, versez-la sur les œufs directement du flacon, plutôt que de tremper les gunkan dans la sauce.

Voir variantes p. 112

Gunkan de chinchard aji no tataki

Pour 1 gunkan

La fabrication des nigiri et des sashimis occasionne souvent des restes de filet de poisson difficiles à utiliser dans ces sushis, mais qui sont parfaits pour confectionner des gunkan. Il suffit de les couper en morceaux fins et de les déposer à la cuillère sur le dessus.

1 c. à s. de filet de chinchard
1 c. à c. de ciboule
1 c. à c. de gingembre râpé et haché
1 c. à c. de ponzu (p. 39)
4 c. à c. de riz shari (p. 28)
1 feuille de nori
Wasabi

Levez les filets de chinchard selon la méthode en trois parties décrite p. 16. C'est un petit poisson, mais vous pouvez utiliser les parties les plus épaisses du filet pour confectionner des nigiri. Coupez les chutes en morceaux fins.

Le mot *tataki* signifie « battre » ou « piler » : il s'agit ici de chinchard haché. Émincez finement la ciboule et mélangez-la au poisson, au gingembre haché et au ponzu. Préparez le gunkan comme indiqué p. 93, puis déposez délicatement le mélange de chinchard à la cuillère sur le dessus. Vous n'avez pas besoin de sauce soja.

Voir variantes p. 113

Gunkan de crabe et avocat

Pour 1 gunkan

J'ai vu des amis japonais et français passer des heures à extraire la chair de crabes qu'ils venaient de cuire. Si vous n'en avez pas la patience, on trouve facilement de la chair de crabe prête à utiliser, qui convient tout à fait pour la préparation des gunkan.

1 c. à s. de chair de crabe
4 c. à c. de riz shari (p. 28)
1 feuille de nori
1 c. à s. d'avocat
Sauce soja

N'importe quel crabe – comestible – peut être utilisé pour les gunkan, bien que l'on préfère souvent la chair plus douce de l'araignée de mer (il en existe de nombreuses sortes de par le monde, aussi demandez à votre poissonnier une variété à chair douce). Faites cuire les crabes entiers 20 min à la vapeur sur feu vif (ou moins pour les plus petits crabes). Enlevez le corps de la carapace et prélevez la chair. Mélangez la chair brune et la chair blanche, en adaptant les proportions selon votre préférence.

Préparez le gunkan comme indiqué p. 93. Pelez l'avocat et coupez-le en petits morceaux. Mélangez ceux-ci délicatement à la chair de crabe ou bien disposez joliment des lamelles en éventail, et déposez la chair de crabe sur le gunkan.

Versez la sauce soja directement du flacon sur le dessus du gunkan, plutôt que de tremper le gunkan dans un bol de sauce.

Voir variantes p. 114

Gunkan de crevettes en tempura

Pour 1 gunkan

La diversité des textures est un aspect essentiel de la cuisine japonaise. La garniture de crevettes en tempura est une idée originale et savoureuse.

1 crevette tigrée
4 c. à c. de riz shari (p. 28)
1 feuille de nori
Wasabi
Mayonnaise pimentée (p. 50)
2 c. à c. de ciboulette ciselée

Pour la pâte (pour enrober jusqu'à 30 crevettes) :
250 g de farine
+ un peu pour les crevettes
1 gros œuf
Huile végétale

Préparez les crevettes comme indiqué p. 225. Réalisez ensuite la pâte à tempura. Le secret consiste à ne pas battre la pâte trop énergiquement : mélangez la farine, l'œuf et 35 cl d'eau glacée à l'aide de baguettes, en laissant des grumeaux de farine.

Dans une petite casserole profonde, faites chauffer de l'huile à 170 °C. Vérifiez la température en y jetant une goutte de pâte : elle doit couler puis remonter en surface. Si elle ne remonte pas, l'huile n'est pas assez chaude ; si elle remonte aussitôt, elle l'est trop. Saupoudrez les crevettes d'un peu de farine, ôtez l'excédent, puis trempez-les dans la pâte. Plongez-les avec précaution dans l'huile et laissez-les cuire 3 min environ : la pâte doit être dorée. Retirez les crevettes avec des baguettes ou une écumoire, et égouttez-les sur une grille ou un torchon.

Confectionnez le gunkan comme indiqué p. 93. Coupez les crevettes en morceaux de 2 cm de long. Étalez de la mayonnaise sur le riz, surmontez de crevettes et décorez de ciboulette.

Voir variantes p. 115

Gunkan de ceviche de poulpe et poivron rouge

Pour 1 gunkan

Les chefs cuisiniers sud-américains ont mis la sauce ceviche au goût du jour et, bien qu'elle ne fasse pas partie des traditions japonaises, elle séduit par son effet légèrement poché. Comme la préparation tataki, cette sauce permet d'utiliser les chutes de poisson laissées lors de la confection de nigiri ou de sashimis.

4 c. à c. de riz shari (p. 28)
1 feuille de nori
Wasabi
1 c. à s. de poulpe
1 c. à c. de poivron rouge coupé en petits dés
2 c. à c. de sauce ceviche (p. 43)
Pousses de moutarde ou de shiso

Confectionnez le gunkan comme indiqué p. 93.

Préparez le poulpe comme décrit p. 74. Coupez le poulpe en dés et mélangez ceux-ci avec les petits morceaux de poivron rouge et la sauce ceviche.

Versez cette préparation à la cuillère sur le riz, puis décorez de pousses de moutarde ou de shiso.

Voir variantes p. 116

Gunkan de canard sauté, grenade, sauce soja et miel

Pour 20 gunkan

Cette sauce à la grenade, au soja et au miel présente une saveur située entre celle de la sauce hoisin et celle de la cerise aigre.

1 magret de canard
Sel et poivre
3 c. à s. de sauce soja
1 c. à s. de miel
2 c. à s. de graines de grenade,
 en en réservant un peu pour le décor
7 c. à s. de ciboulette ciselée
200 g de mayonnaise au yuzu (p. 34)
400 g de riz shari (p. 28)
4 feuilles de nori

Nettoyez et dégraissez le magret de canard. Faites chauffer une petite poêle antiadhésive et, sans y verser d'huile, faites sauter le canard, côté peau vers le bas, avant de le retourner de façon à cuire et dorer les deux faces. Enveloppez alors les magrets de film alimentaire et laissez reposer 10 min. Retirez le film, découpez en fines tranches, puis salez et poivrez. Passez 1 min seulement au four chaud (200 °C – th. 6/7).

Mélangez la mayonnaise avec la sauce soja, le miel, les graines de grenade et la ciboulette ciselée. Confectionnez les gunkan comme indiqué p. 93. Versez de la mayonnaise au yuzu à l'aide d'une cuillère sur le riz. Disposez une tranche de canard sur le dessus, puis décorez de quelques graines de grenade.

Voir variantes p. 117

Gunkan d'oursin uni et mayonnaise grillée au miso

Pour 1 gunkan

Le miso dengaku, une sauce crémeuse réalisée à partir de miso blanc, est généralement servi en accompagnement de l'aubergine et est toujours apprécié. Le miso possède une saveur prononcée ; aussi est-il ici mélangé avec une mayonnaise au wasabi. Adaptez les proportions selon vos goûts.

1 oursin uni
1 fine rondelle de concombre
½ c. à c. de mayonnaise au wasabi (p. 50)
½ c. à c. de saikyo miso (p. 40)
4 c. à c. de riz shari (p. 28)
1 feuille de nori + nori ciselé

Déposez l'oursin sur la rondelle de concombre, pour le tenir en place le temps de le passer sous le gril. Posez la rondelle dans une poêle-gril et déposez la mayonnaise au wasabi du côté gauche du gunkan, et le saikyo miso sur la droite. Faites griller le tout jusqu'à ce que le dessus soit un peu doré.

Façonnez le gunkan comme indiqué p. 93. Soulevez délicatement le concombre et l'oursin, et déposez-les sur le riz. Garnissez de nori ciselé.

Remarque : vous pouvez obtenir le même effet à l'aide d'un chalumeau de cuisine, en passant doucement la flamme sur la garniture de mayonnaise et de miso.

Voir variantes p. 118

Gunkan de calamar, gingembre, saké, sauce soja et sésame

Pour 20 gunkan

La saisie à la poêle est un mode de cuisson rapide, adapté notamment aux fruits de mer et aux poissons blancs, et qui ne nécessite pas de les faire mariner au préalable.

250 g de tentacules de calamar
1 c. à s. d'huile végétale
2 c. à c. d'huile de graines de sésame rôties
2 c. à s. de dashi (p. 44)
2 c. à s. de sauce soja
2 c. à s. de saké
1 c. à s. de mirin
4 c. à c. de gingembre râpé
400 g de riz shari (p. 28)
Graines de sésame
Wasabi

Préparez le calamar comme indiqué p. 17. Les courbes et les couleurs des tentacules sont particulièrement attrayantes sur les gunkan. Coupez les tentacules en cubes de 2 cm.

Faites chauffer l'huile dans un poêlon et jetez-y le calamar préparé. Dans une petite casserole, faites chauffer doucement le dashi, la sauce soja, le saké, le mirin et le gingembre. Versez sur le calamar et laissez frémir 2 à 3 min. Égouttez le calamar et, quand il est refroidi, mélangez-le avec l'huile de sésame. Remettez le liquide restant sur feu vif et faites réduire.

Façonnez les gunkan comme indiqué p. 93. Disposez les tentacules sur le riz, parsemez-les de quelques graines de sésame et versez un peu de la préparation au soja sur le calamar. Vous n'avez pas besoin de tremper ces gunkan dans la sauce soja avant de les déguster.

Voir variantes p. 119

Gunkan de champignons shiitake

Pour 1 gunkan

Réputés pour leur intense parfum, les champignons shiitake sont aussi appréciés pour leur goût agréable et leurs bienfaits pour la santé. Ils sont utilisés de longue date dans la médecine chinoise pour leur rôle de stimulant du système immunitaire. Ils sont aussi très peu caloriques et riches en vitamine D.

1 à 2 champignons shiitake
(les séchés conviennent bien)
6 c. à s. de dashi (p. 44)
1 c. à s. de mirin
1 c. à s. de sauce soja
4 c. à c. de riz shari (p. 28)
Ciboulette ciselée

Si vous utilisez des champignons séchés, réhydratez-les en les faisant tremper 30 min dans un bol d'eau. Si vous en utilisez des frais, nettoyez-les et ôtez les éventuelles parties dures du pied.

Dans une petite poêle, mélangez le dashi, le mirin et la sauce soja avant de porter doucement à ébullition. Faites-y cuire les champignons pendant 3 min, jusqu'à ce qu'ils soient moelleux et élastiques au toucher. Égouttez-les et laissez-les refroidir. Coupez-les en lamelles ou en morceaux, selon votre préférence.

Façonnez le gunkan comme indiqué p. 93. Disposez les champignons sur le riz, puis parsemez d'un peu de ciboulette. Il n'est pas nécessaire de tremper ce gunkan dans la sauce soja avant de le déguster.

Voir variantes p. 120

Gunkan de saint-jacques au shiso

Pour 1 gunkan

Voici une association classique qui offre un bel et subtil équilibre entre le vert du shiso et le blanc de la saint-jacques, dont le fondant contraste délicieusement avec les arômes piquants de la feuille de shiso.

1 noix de saint-jacques
4 c. à c. de riz shari (p. 28)
Feuille de shiso hachée
Sauce soja (facultatif)

Il est important d'utiliser 1 noix de saint-jacques vivante dans sa coquille, car elle sera consommée crue. Toutefois, vous pouvez aussi opter pour une pièce surgelée. Sortez-la de sa coquille. Ôtez les barbes et les entrailles ; jetez-les. Rincez la saint-jacques à l'eau froide et égouttez-la.

Façonnez le gunkan comme indiqué p. 93. Coupez la saint-jacques en petits cubes et mélangez légèrement ceux-ci avec la feuille de shiso hachée.

Ce gunkan est meilleur avec un peu de sauce soja.

Voir variantes p. 121

Variantes

Gunkan d'œufs de saumon ikura

Recette de base p. 93

Gunkan d'œufs de colin mentaiko
Remplacez les œufs de saumon par des œufs de colin, qui sont beaucoup plus petits. Marinés dans du saké, de la sauce soja et du piment, ils donnent une préparation rouge, fumée et piquante.

Gunkan d'œufs de poisson volant tobiko
Remplacez les œufs de saumon par des œufs de poisson volant. Ce sont de petits œufs dont la membrane est assez dure, ce qui donne la sensation qu'ils éclatent sous la dent.

Gunkan d'œufs de hareng kazunoko
Remplacez les œufs de saumon par des œufs de hareng. Assez fermes, ils sont étonnamment croquants.

Gunkan d'oursin uni
Remplacez les œufs de saumon par des oursins frais. Seules les gonades de l'oursin sont utilisées dans les sushis. Elles se distinguent par leur crémeux extraordinaire et leur senteur marine.

Gunkan de caviar
Remplacez les œufs de saumon par du caviar. Choisissez du caviar élevé de façon durable (des œufs de gros poissons) et mélangez-le avec un peu de wasabi.

Variantes

Gunkan de chinchard haché aji no tataki

Recette de base p. 94

Gunkan de saumon et avocat tataki
Remplacez le chinchard par des chutes de filet de saumon finement hachées, mélangées avec une tranche d'avocat coupée en morceaux de la même taille. Surmontez le gunkan de ce mélange et servez avec une mayonnaise au wasabi (p. 50).

Gunkan de thon tataki, ciboule et mayonnaise au wasabi
Remplacez le chinchard par du thon albacore finement haché. Mélangez avec 1 c. à c. de ciboule finement émincée et de la mayonnaise au wasabi (p. 50).

Gunkan de carrelet tataki, prune ume et ciboulette
Remplacez le chinchard par des chutes finement hachées de filet de carrelet. Mélangez avec un peu de purée de prunes ume et de la ciboulette ciselée.

Gunkan de lieu jaune hamachi tataki et shiso
Remplacez le chinchard par des chutes finement hachées de filet de lieu jaune. Mélangez avec de la feuille de shiso hachée et du ponzu (p. 39).

Gunkan de crevettes amaebi tataki et avocat
Préparez les crevettes comme indiqué p. 225 et coupez-les en fins morceaux. Coupez une tranche d'avocat en morceaux de la même taille et ajoutez un peu de mayonnaise au wasabi (p. 50). Répartissez ce mélange sur les crevettes.

Variantes

Gunkan de crabe et avocat

Recette de base p. 97

Gunkan de homard et ciboulette
Remplacez la chair de crabe par du homard préparé comme indiqué p. 62. Coupez-le en cubes de 2 cm et mélangez avec de la ciboulette ciselée.

Gunkan de crevettes et zeste de yuzu
Remplacez la chair de crabe par des crevettes préparées comme indiqué p. 225, puis mélangez-les avec du zeste de yuzu (ou de citron vert).

Gunkan de crabe et ciboule
Suivez la recette de base, en supprimant l'avocat et en ajoutant 2 c. à c. de ciboule finement ciselée à la chair de crabe.

Gunkan de homard cru, daikon oroshi et ponzu
Remplacez la chair de crabe par de la chair de homard crue hachée. Mélangez-la avec 1 c. à c. de ponzu (p. 39) et du radis blanc râpé.

Gunkan de langoustine et avocat
Remplacez la chair de crabe par de la langoustine cuite coupée en cubes de 1 cm de côté. Mélangez l'avocat avec 1 c. à c. de mayonnaise au yuzu (p. 34).

Variantes

Gunkan de crevettes en tempura

Recette de base p. 98

Gunkan de lotte en tempura, citron vert et piment sansho
Remplacez les crevettes par de la queue de lotte. Saupoudrez la farine de piment sansho et de sel de mer avant de faire frire. Parsemez de zeste de citron vert au moment de servir.

Gunkan de calamar en tempura et piment
Remplacez les crevettes par 15 g de calamar coupé en petits morceaux. Parsemez de piment finement haché.

Gunkan de homard en tempura et citron
Remplacez les crevettes par de la queue de homard mélangée à du zeste de citron.

Gunkan de saint-jacques en tempura et shiso
Supprimez les crevettes. Faites frire 1 noix de saint-jacques, avec ou sans corail. Coupez-la en petits morceaux et parsemez de feuille de shiso ciselée. Garnissez-en le gunkan.

Gunkan de pince de crabe en tempura, ciboulette et mayonnaise au yuzu
Remplacez les crevettes par la chair d'une pince de crabe entière. Disposez-la entière sur le gunkan. Surmontez de ciboulette et de mayonnaise au yuzu (p. 34).

Gunkan d'huître en tempura et piment
Supprimez les crevettes. Préparez 1 huître entière en tempura. Disposez-la sur le gunkan et garnissez de piment haché.

Variantes

Gunkan de ceviche de poulpe et poivron rouge

Recette de base p. 100

Gunkan de ceviche de carrelet et ciboule
Remplacez le poulpe par du carrelet cru coupé en petits morceaux, et mélangez ceux-ci avec de la ciboulette ciselée et 1 c. à s. de sauce ceviche.

Gunkan de saumon, sauce au jalapeño et avocat
Remplacez le poulpe par du saumon cru coupé en petits morceaux et le piment rouge par de l'avocat coupé en petits morceaux. Mélangez avec 1 c. à s. de sauce au jalapeño (p. 54).

Gunkan de lieu jaune hamachi, sauce au jalapeño et aux baies roses
Remplacez le poulpe par du lieu jaune cru coupé en petits morceaux, et mélangez ceux-ci avec 1 c. à s. de sauce au jalapeño (p. 54), quelques baies roses et des pousses de shiso.

Gunkan de ceviche de turbot, coriandre et ciboulette
Remplacez le poulpe par du turbot cru coupé en petits morceaux, et mélangez ceux-ci avec 1 c. à s. de sauce ceviche, de la coriandre et de la ciboulette ciselées.

Gunkan de ceviche de seiche et concombre
Remplacez le poulpe par de la seiche crue coupée en petits morceaux, et mélangez ceux-ci avec 1 c. à s. de sauce ceviche et quelques rondelles fines de concombre.

Variantes

Gunkan de canard sauté, grenade, sauce soja et miel

Recette de base p. 102

Gunkan de thon sauté, ciboulette et sauce pimentée coréenne
Remplacez le canard par 1 filet de thon sauté dans un peu d'huile. Confectionnez les gunkan avec de la sauce au piment coréen (p. 54) et garnissez de ciboulette ciselée.

Gunkan de saint-jacques rôties et beurre de ponzu
Supprimez la cuisson à la poêle et remplacez le canard par 10 grosses noix de saint-jacques. Salez et poivrez celles-ci et enfournez-les pour 3 min à 200 °C (th. 6/7). Mélangez 4 c. à s. d'aïoli à la moutarde avec 2 c. à s. de ponzu (p. 39), puis surmontez les gunkan de nori ciselé.

Gunkan de bœuf sauté, teriyaki et yuzu kosho oroshi
Remplacez le canard par du bœuf tendre comme de l'aloyau ou de la côte de bœuf, que vous ferez sauter dans un peu d'huile. Supprimez la sauce soja, le miel et la grenade. Badigeonnez le bœuf de sauce teriyaki (p. 36) au pinceau et décorez d'une noix de pâte de yuzu kosho mélangée avec du daikon râpé.

Gunkan de foie gras cuit et mitsuba
Supprimez la cuisson à la poêle et remplacez le canard par du foie gras saupoudré de fécule de pomme de terre. Salez, poivrez, puis enfournez pour 3 min à 200 °C (th. 6/7). Supprimez la sauce soja, la grenade et le miel, et décorez de feuille de mitsuba hachée (persil japonais).

Variantes

Gunkan d'oursin uni et mayonnaise grillée au miso

Recette de base p. 105

Gunkan d'huître et de miso blanc dengaku
Remplacez l'oursin par 1 huître crue. Déposez dessus un peu de sauce saikyo miso (p. 40), puis passez sous le gril ou à la flamme d'un chalumeau pour dorer le dessus.

Gunkan d'œufs de colin mentaiko et sauce crémeuse au wasabi
Remplacez l'oursin par 1 c. à s. d'œufs de colin marinés. Versez dessus un peu de mayonnaise au wasabi et passez sous le gril ou à la flamme d'un chalumeau. Surmontez de nori ciselé.

Gunkan d'œufs de morue shirako et ciboule
Remplacez l'oursin par 15 g d'œufs de morue shirako déposés sur une rondelle de concombre. Parsemez de ciboule hachée et déposez un peu d'aïoli au paprika fumé. Passez ensuite sous le gril ou à la flamme d'un chalumeau.

Gunkan de poulpe et sauce au miso blanc dengaku
Remplacez l'oursin par 15 g de poulpe cuit à l'eau. Déposez dessus un peu de sauce saikyo miso (p. 40) et passez sous le gril ou à la flamme d'un chalumeau.

Gunkan de canard et sauce au miso blanc dengaku
Remplacez l'oursin par 15 g de magret de canard préparé comme indiqué p. 102. Ajoutez un peu de sauce saikyo miso, puis passez sous le gril ou à la flamme d'un chalumeau.

Variantes

Gunkan de calamar, gingembre, saké, sauce soja et sésame

Recette de base p. 106

Gunkan de couteaux, yuzu, saké, sésame et sauce soja
Remplacez le calamar par 7 à 10 couteaux coupés en morceaux de 2 cm de long et le gingembre par du jus ou du zeste de yuzu.

Gunkan de crevettes, piment, saké, sésame et sauce soja
Remplacez le calamar par 10 grosses crevettes tigrées crues, coupées chacune en 3 morceaux environ, et le gingembre par du piment haché.

Gunkan de limande-sole, gingembre, saké, sésame et sauce soja
Remplacez le calamar par 325 g de filet de limande-sole coupé en morceaux plus gros que dans la recette de base. Roulez-les dans de la fécule de pomme de terre avant de les faire frire, afin qu'ils conservent mieux leur forme.

Gunkan de lotte, coriandre, saké, sésame et sauce soja
Remplacez le calamar par de la lotte et le gingembre par de la coriandre hachée.

Gunkan de poulet, gingembre, saké, sésame et sauce soja
Remplacez le calamar par du poulet coupé en cubes de 2,5 cm de côté, cuits à feu doux pendant 4 à 5 min.

Variantes

Gunkan de champignons shiitake

Recette de base p. 109

Gunkan de champignons enoki
Remplacez les shiitake par des champignons enoki et parsemez de graines de sésame.

Gunkan de pousses de bambou
Remplacez les shiitake par des pousses de bambou. Faites cuire celles-ci dans le mélange de dashi et de sauce soja, et parsemez de graines de sésame.

Gunkan d'asperges, haricots verts et poivron vert
Remplacez les shiitake par des asperges, des haricots verts et du poivron vert. Ceux-ci requièrent une cuisson moins longue que celle des champignons.

Gunkan de renkon et champignons shiitake
Suivez la recette de base, en ajoutant des morceaux de racine de lotus dans la poêle. Incorporez les champignons 2 min plus tard.

Gunkan de gombo
Remplacez les shiitake par des gombos dont vous aurez retiré les extrémités. Réduisez la cuisson à 1-2 min. Comptez 1 ou 2 gombos par gunkan.

Gunkan de criste marine et beurre teriyaki
Remplacez les shiitake par de la criste marine nettoyée. Réduisez la cuisson à 1-2 min et ajoutez une petite noix de beurre dans la sauce en fin de cuisson.

Variantes

Gunkan de saint-jacques au shiso

Recette de base p. 110

Gunkan de seiche au shiso
Remplacez la saint-jacques par de la seiche. Coupez-la en petits dés. Mélangez ceux-ci avec le shiso pour en garnir le gunkan.

Gunkan de turbot au shiso
Remplacez la saint-jacques par 15 g de filet de turbot coupé en petits dés. Mélangez ceux-ci avec le shiso pour en garnir le gunkan.

Gunkan de lieu jaune au shiso
Remplacez la saint-jacques par 15 g de filet de lieu jaune coupé en petits dés. Mélangez ceux-ci avec le shiso pour en garnir le gunkan.

Gunkan de saint-jacques, ceviche et shiso
Suivez la recette de base, en ajoutant 1 c. à s. de sauce ceviche (p. 43). Garnissez de shiso ciselé.

Hosomaki

Les hosomaki, dont le nom signifie « rouleau fin » en japonais, sont simples et faciles à réaliser. Tout l'art du maki consiste de fait à présenter une farce éclatante au centre du rouleau. Ces bouchées font belle impression sur la table. Si vous préparez vos hosomaki à l'avance, veillez à ne pas les rouler trop serré, car le riz à sushis gonfle au fil des heures et, le nori étant absorbant, le riz serait alors pressé et le maki deviendrait dur.

Hosomaki de prune ume et concombre

Pour 1 rouleau ou 6 pièces

La prune ume est un fruit typiquement japonais très utilisé en cuisine. Elle est proche de l'abricot occidental. Confite au sel puis dans de la feuille de shiso, elle offre un piquant très acidulé. Riche en acide citrique, elle est réputée pour favoriser la digestion. Elle est souvent servie sur un bol de riz au petit déjeuner.

½ feuille de nori
60 g de riz shari (p. 28)
Wasabi
1 c. à c. de purée de prunes ume
1 c. à s. de concombre coupé en julienne

Disposez le tapis en bambou côté nœuds sur le dessus. Posez la face mate de l'algue sur le tapis, le bord le plus long face à vous. Mouillez vos mains et façonnez un long boudin de riz sur l'algue. Sans trop appuyer pour ne pas abîmer les grains, étalez le riz de façon uniforme vers l'extérieur, en laissant une marge de 1 cm en haut de l'algue, du côté le plus éloigné de vous. Déposez un peu de wasabi en ligne au centre du riz et étalez-le légèrement.

Étalez la purée de prunes ume au milieu du riz et disposez dessus la julienne de concombre. Tout en maintenant les deux côtés du nori du côté le plus proche de vous, enroulez le tapis vers le haut, à l'aide des index et des pouces. Roulez-le serré jusqu'à ce que l'extrémité proche de vous atteigne le bord éloigné, en laissant nue la bande vierge. Posez le tapis sur le rouleau (toujours sans couvrir la marge), puis appuyez doucement de façon à donner au rouleau une forme ronde ou carrée, à votre goût. Retaillez les bords. Coupez le rouleau en 6 morceaux.

Voir variantes p. 136

Hosomaki de daikon confit oshinko

Pour 1 rouleau ou 6 pièces

Les légumes frais ou confits entrent très souvent dans la composition des hosomaki. Les seconds occupent une place importante dans les repas japonais, habituellement servis avec un bol de riz et une soupe miso, indiquant la fin d'un bon dîner. Chaque région possède sa variante locale. Si, en Occident, les légumes confits le sont généralement au vinaigre (ce qui les ramollit), au Japon, ils sont le plus souvent confits au sel, ce qui leur conserve leur croquant.

½ feuille de nori
60 g de riz shari (p. 28)
Confit oshinko de 15 cm de long
Wasabi

Les légumes confits oshinko farcissent traditionnellement les hosomaki. On reconnaît ces sushis à leur centre jaune vif. On trouve ces oshinko tout préparés dans le commerce ; toutefois, choisissez une bonne marque, car ils contiennent souvent quantité d'additifs, d'arômes et de colorants.

Roulez le maki comme indiqué p. 123, en veillant à centrer la lanière d'oshinko.

Voir variantes p. 137

Teriyaki hosomaki d'asperge et poitrine de porc

Pour 1 rouleau ou 6 pièces

Un peu de riz et de la viande : voici une interprétation moderne du hosomaki traditionnel.

1 asperge
½ feuille de nori
3 c. à s. de riz shari (p. 28)
Moutarde japonaise
1 tranche fine de poitrine non fumée
Huile
1 c. à c. de sauce teriyaki (p. 36)

Faites blanchir l'asperge. Roulez le maki comme indiqué p. 123, en remplaçant le wasabi par de la moutarde japonaise. Placez l'asperge au centre. Enveloppez l'algue farcie dans la tranche de poitrine et maintenez le tout en place à l'aide de cure-dents ou de piques cocktail.

Faites chauffer de l'huile et mettez-y le rouleau à revenir légèrement, sur toutes les faces. Ôtez les cure-dents et coupez le rouleau en 6 morceaux. À l'aide d'une petite cuillère, versez un peu de sauce teriyaki sur les bouchées avant de servir.

Voir variantes p. 138

Hosomaki de riz complet et bambou

Pour 6 rouleaux ou 36 pièces

Il n'est pas rare d'utiliser du riz complet dans les sushis. Ici, comme dans les onigiri, le riz complet convient particulièrement. Il contient moins d'amidon que le riz blanc et se révèle donc moins collant. (Consultez les variantes, qui proposent des recettes à base d'autres céréales.) Vous pouvez marier le riz à toutes sortes de légumes, coupés en petits dés.

12 cl de sauce soja
12 cl de dashi (p. 44)
12 cl de saké
6 cl de jus de pomme ou 60 g de sucre
1 lanière de bambou de 10 cm
2 piments shishito ou pedron
1 carotte moyenne
4 châtaignes d'eau (en conserve)
400 g de riz genmai (p. 47)
2 feuilles de nori
Wasabi

Mélangez la sauce soja, le dashi, le saké et le jus de pomme dans une petite casserole. Ajoutez le bambou, le piment, la carotte et les châtaignes d'eau. Portez à ébullition et laissez frémir 2 min, jusqu'à ce que le liquide soit presque évaporé.

Égouttez les légumes et laissez-les refroidir. Quand ils sont froids, coupez-les en petits dés et mélangez-les avec le riz complet.

Roulez les maki comme indiqué p. 123. Étant donné que les rouleaux ne contiennent pas de farce supplémentaire au centre du riz, veillez à ne pas trop les serrer.

Voir variantes p. 139

Hosomaki de chèvre, ciboulette et noix

Pour 1 rouleau ou 6 pièces

Les produits laitiers ne figurent pas couramment au menu des Japonais, bien que du brie enveloppé de nori et frit soit récemment apparu sur la carte de nombreux bars izakaya. La combinaison de fromages riches en saveurs umami, tels que le parmesan et le roquefort, et de l'algue nori, également riche en umami, offre de savoureux et puissants parfums.

1 c. à s. de noix
½ feuille de nori
60 g de riz shari (p. 28)
Wasabi
1 c. à s. de fromage de chèvre frais
1 c. à c. de ciboulette

Faites griller les noix à sec à la poêle, ôtez-les du feu puis concassez-les. Roulez le maki comme indiqué p. 123, en étalant le fromage de chèvre le long du centre du rouleau, puis en le parsemant de noix et de ciboulette non ciselée.

Voir variantes p. 140

Hosomaki de crevettes frites

Pour 1 rouleau ou 6 pièces

Il est préférable de confectionner les maki au moment de les déguster : c'est tellement meilleur quand ils sont encore tièdes !

2 crevettes tigrées géantes ebi
Huile végétale
1 c. à s. de fécule de pomme de terre
½ feuille de nori
60 g de riz shari (p. 28)
Wasabi

Préparez les crevettes comme indiqué p. 255, mais sans les faire mariner.

Versez 2,5 cm d'huile végétale dans une petite casserole et faites chauffer à 175 °C.

Saupoudrez les crevettes de fécule de pomme de terre et faites-les frire 3 à 4 min. Roulez le maki comme indiqué p. 123, en prenant soin de centrer les crevettes.

Voir variantes p. 141

Tekkamaki – hosomaki de thon

Pour 1 rouleau ou 6 pièces

Si l'origine du tekkamaki, un sushi de thon en rouleau, fait toujours débat, on s'accorde à penser qu'il fut inventé pour les joueurs de go (un jeu de stratégie chinois, très populaire au Japon), afin qu'ils puissent manger sans interrompre leur partie ni avoir les mains collantes.

½ feuille de nori
60 g de riz shari (p. 28)
Wasabi
1 morceau de thon cru de 15 cm

Roulez le maki comme indiqué p. 123, en veillant à centrer le morceau de thon. Si vous aimez le wasabi, n'hésitez pas à vous montrer généreux !

Voir variantes p. 142

Hosomaki de lieu en tempura

Pour 1 rouleau ou 6 pièces

Le fait de frire le rouleau entier offre un contraste saisissant entre le chaud et le froid, et entre le moelleux et le croustillant, contraste très apprécié des Japonais en cuisine.

½ feuille de nori
125 g de riz shari (p. 28)
Wasabi
15 cm de filet de lieu jaune
Huile végétale
Pousses de shiso
2 c. à c. de sauce pour tempura (p. 55)
1 c. à c. de gingembre râpé oroshi
1 c. à c. de daikon oroshi

Pour la pâte :
300 g de farine + pour un peu pour le hosomaki
1 gros œuf

Confectionnez le hosomaki en insérant le poisson au centre, comme indiqué p. 123. Lorsque vous l'avez roulé, appuyez sur chaque extrémité et trempez chacune dans la farine. Préparez maintenant la pâte à tempura, en veillant à ne pas la battre trop énergiquement. Mélangez la farine, l'œuf et 40 cl d'eau glacée à l'aide de baguettes, en laissant des grumeaux. Ajoutez des glaçons si vous le souhaitez. Dans une petite casserole profonde, faites chauffer l'huile à 170 °C. Farinez très légèrement le hosomaki en le roulant dans une assiette saupoudrée de farine. Trempez le rouleau entier dans la pâte, puis plongez-le dans l'huile bouillante pour 3 min de cuisson environ, jusqu'à ce que la pâte soit dorée. Sortez le maki avec une écumoire à friture et égouttez-le sur une grille ou du papier absorbant. Coupez le maki en 6 morceaux. Décorez de pousses de shiso. Versez la sauce dans un petit bol. À côté de celui-ci, disposez une petite assiette contenant le radis blanc et le gingembre râpés, que vous ajouterez juste avant de tremper les bouchées dans la sauce.

Voir variantes p. 143

Variantes

Hosomaki de prune ume et concombre

Recette de base p.123

Hosomaki de prune ume, concombre et shiso
Suivez la recette de base. Coupez 1 feuille de shiso en deux et disposez-la sur le dessus.

Hosomaki de natto, concombre et ciboule
Supprimez la purée de prunes ume. Roulez le maki après l'avoir garni de 1 c. à c. bombée de natto (soja fermenté) et d'une touche de wasabi. Parsemez de ciboule hachée.

Hosomaki de natto, concombre et gombo
Supprimez la purée de prune ume. Roulez le maki après l'avoir garni de 1 c. à c. bombée de natto (soja fermenté) et d'une touche de wasabi. Parsemez de gombo finement haché

Hosomaki de prune ume et daikon
Remplacez le concombre par 1 bâtonnet de 15 cm de radis blanc. Roulez le maki après l'avoir garni de 1 c. à c. de purée de prunes ume et d'une touche de wasabi.

Hosomaki de bambou et sésame
Remplacez le concombre par une lanière de bambou cuite à l'eau et préparée comme indiqué p. 247. Parsemez de graines de sésame et ajoutez un peu de wasabi.

Variantes

Hosomaki de daikon confit oshinko

Recette de base p.125

Hosomaki kappamaki
Remplacez l'oshinko par du concombre cru. Parsemez de graines de sésame.

Hosomaki de calebasse confite kanpyo
Remplacez l'oshinko par de la calebasse confite, en insérant 1 morceau de 15 cm au centre. Préparez ce confit comme indiqué p. 32, en remplaçant le gingembre par de la calebasse.

Hosomaki de champignons enoki
Remplacez l'oshinko par des champignons enoki, blanchis et marinés dans de la sauce soja et du vinaigre de riz pendant 30 min. Garnissez de graines de sésame et d'une pointe de wasabi.

Hosomaki d'avocat et sésame
Remplacez l'oshinko par des lamelles d'avocat et une pincée de graines de sésame.

Hosomaki d'asperge
Remplacez l'oshinko par 1 asperge blanchie et roulez après avoir étalé un peu de mayonnaise au wasabi (p. 50).

Hosomaki de gombo et sésame
Remplacez l'oshinko par du gombo blanchi puis mariné pendant 30 min dans de la sauce soja et du vinaigre de riz, puis parsemez d'une pincée de graines de sésame avant de rouler.

Variantes

Teriyaki hosomaki d'asperge et poitrine de porc

Recette de base p. 126

Hosomaki de foie gras et asperge
Poêlez le foie gras comme indiqué p. 66. Assaisonnez d'un filet de jus de yuzu et d'un autre d'huile de truffe, puis roulez autour de l'asperge et du foie gras placés au centre. Il n'est pas nécessaire de poêler le maki entier.

Hosomaki de pancetta et figue
Remplacez l'asperge par 1 figue entière coupée en quartiers. Enveloppez le rouleau dans des tranches de pancetta. Il n'est pas nécessaire de poêler ce maki.

Hosomaki de pancetta, mozzarella et ciboulette
Remplacez l'asperge par des morceaux de mozzarella taillés en forme de crayon et roulez le maki après avoir parsemé de ciboulette ciselée. Enveloppez le rouleau dans des tranches de pancetta. Il n'est pas nécessaire de poêler ce maki.

Hosomaki de bœuf mariné
Supprimez l'asperge. Saisissez à la poêle 1 tranche de 15 g de bœuf tendre persillé (aloyau ou faux-filet, par exemple) comme indiqué p. 251, puis plongez-la dans de l'eau glacée. Laissez mariner au moins 1 h dans de la sauce soja et du mirin, puis coupez en morceaux de la taille d'un crayon et disposez ceux-ci à l'intérieur du rouleau, en garnissant le tout d'une bonne quantité de wasabi.

Variantes

Hosomaki de riz complet et bambou

Recette de base p. 128

Hosomaki de riz complet, riz rouge, prune ume, shiso et edamame
Remplacez la moitié du riz genmai par du riz rouge, en cuisant les deux ensemble. Supprimez le bambou, les légumes et les châtaignes. Mélangez les riz avec 100 g d'edamame cuit à l'eau et haché. Étalez un peu de purée de prunes ume au centre du riz, ajoutez quelques feuilles de shiso ciselées et roulez.

Hosomaki de riz complet, sésame, azuki, riz rouge et millet
Dans les épiceries japonaises, on peut acheter ce mélange prêt à cuire. Si vous n'en trouvez pas, remplacez un tiers du riz genmai par du riz rouge et un autre tiers par du millet, et faites cuire le tout à la vapeur. Supprimez le bambou, les légumes et les châtaignes. Ajoutez 2 c. à s. de haricots azuki en conserve, parsemez de graines de sésame noires et blanches, et roulez.

Hosomaki de riz complet, jambon fumé, petits pois et carotte
Remplacez le bambou, les légumes et les châtaignes par 90 g de jambon fumé, 1 carotte moyenne coupée en petits morceaux et blanchie, ainsi que 60 g de petits pois cuits à l'eau. Mélangez les légumes avec du riz complet, parsemez de graines de sésame et roulez.

Hosomaki de riz complet, bardane et carotte sautée kinpira
Supprimez le bambou, les légumes et les châtaignes. Faites cuire la bardane et la carotte comme indiqué p. 252. Incorporez 50 g d'oignon haché, le mélange de riz et les légumes sautés kinpira, puis roulez.

Variantes

Hosomaki de chèvre, ciboulette et noix

Recette de base p. 130

Hosomaki de gruyère et tomates demi-séchées
Remplacez le fromage de chèvre par 1 bâton de gruyère de la taille d'un crayon. Roulez avec des moitiés de tomates demi-séchées. C'est une association classique riche en goût umami.

Hosomaki de mozzarella et tomates demi-séchées
Remplacez le fromage de chèvre par 1 morceau de mozzarella de la taille d'un crayon. Roulez avec des moitiés de tomates demi-séchées.

Hosomaki de roquefort et endive
Remplacez le fromage de chèvre par 1 morceau de roquefort de la taille d'un crayon et roulez avec 1 feuille de chicorée.

Hosomaki de gorgonzola et céleri
Remplacez le fromage de chèvre par 1 morceau de gorgonzola de la taille d'un crayon et roulez avec du céleri finement haché.

Hosomaki de crevettes frites

Recette de base p. 133

Hosomaki d'asperge frite
Remplacez les crevettes par 2 pointes d'asperge trempées dans l'œuf battu, puis frites. Étalez de la mayonnaise pimentée (p. 50).

Hosomaki de bardane frite
Remplacez les crevettes par de la bardane préparée comme indiqué p. 252. Faites frire un peu plus longtemps, car la bardane est assez dure. Roulez avec un peu d'aïoli fumé.

Hosomaki de morue frite
Remplacez les crevettes par 1 fine lanière de morue de 50 g.

Hosomaki d'avocat frit
Remplacez les crevettes par 2 morceaux d'avocat de 7 cm de long et du diamètre d'un crayon, coupés en petits morceaux. Roulez avec de l'aïoli au paprika.

Hosomaki de patate douce frite
Remplacez les crevettes par 2 morceaux de patate douce de 7 cm de long et du diamètre d'un crayon, émincés, trempés dans l'œuf et frits. Étalez de la mayonnaise pimentée (p. 50).

Hosomaki de courgette frite
Remplacez les crevettes par 1 morceau de courgette de 15 cm de long et du diamètre d'un crayon, trempé dans l'œuf puis frit. Étalez de la mayonnaise pimentée (p. 50).

Variantes

Tekkamaki – hosomaki de thon

Recette de base p. 134

Hosomaki de saumon
Remplacez le thon par 1 lanière de saumon du diamètre d'un crayon.

Hosomaki de calamar, prune ume et concombre
Remplacez le thon par du calamar préparé comme indiqué p. 17. Ajoutez du concombre coupé en julienne et étalez un peu de purée de prunes ume.

Hosomaki de daurade et shiso
Remplacez le thon par de la daurade mélangée à des feuilles de shiso ciselées.

Hosomaki d'anguille kabayaki et concombre
Remplacez le thon par de l'anguille préparée comme indiqué p. 222, puis roulez avec 1 bâtonnet de concombre de la taille d'un crayon.

Hosomaki de surimi et tobiko
Remplacez le thon par du surimi parsemé d'œufs de poisson volant (tobiko).

Variantes

Hosomaki de lieu en tempura

Recette de base p. 135

Hosomaki de haricots verts en tempura
Remplacez le lieu jaune par des haricots verts crus et des graines de sésame.

Hosomaki de saint-jacques en tempura et mitsuba
Remplacez le lieu jaune par 1 grosse noix de saint-jacques coupée en morceaux de l'épaisseur d'un crayon, puis parsemez d'une pincée de feuilles de trèfle mitsuba ou de coriandre.

Hosomaki de bar en tempura et yuzu kosho
Remplacez le lieu jaune par des morceaux de 15 cm de filet de bar et ajoutez une touche de pâte de yuzu kosho avant de rouler.

Futomaki

Les futomaki sont de gros rouleaux très appréciés en Occident parce qu'ils se prêtent particulièrement bien à l'interprétation et à la créativité. N'hésitez donc pas à associer et à marier les saveurs selon votre inspiration.

Futomaki de saumon et avocat

Pour 1 rouleau ou 6 à 8 pièces

L'association du poisson et des légumes est la forme de futomaki la plus courante. Cette recette est sans doute aussi la plus répandue en dehors du Japon.

1 feuille de nori
125 g de riz shari (p. 28)
Wasabi
30 g de filet de saumon coupé en 2 lanières de 4 × 1 cm
½ gros avocat coupé en lamelles de 10 cm
1 c. à c. d'œufs de poisson volant (tobiko)

Confectionnez le rouleau comme indiqué p. 22-23.

Voir variantes p. 172

Futomaki de peau de saumon croustillante

Pour 1 rouleau ou 6 à 8 pièces

Les bars à sushis traditionnels proposent peu de poissons cuits, mais à la maison, lorsque les mères préparent le bento de leurs enfants, une place plus importante leur est accordée, car ils requièrent moins de savoir-faire (étonnamment !) et se conservent plus longtemps. La peau du saumon mérite certainement un sort meilleur que celui de finir à la poubelle. Elle est non seulement délicieuse grillée, mais également intéressante d'un point de vue nutritionnel, car la majeure partie des oméga-3 et 6, des vitamines et des minéraux du poisson se trouvent dans la partie grasse située juste sous la peau.

45 g de peau de saumon, en essayant de garder environ 4 mm de chair sous la peau
Sel de mer
1 c. à s. de sauce teriyaki (p. 36)
1 feuille de nori
125 g de riz shari (p. 28)
Quelques feuilles de laitue
2 c. à c. de ciboule finement hachée
1 c. à c. d'œufs de poisson volant (tobiko ; facultatif)

Salez légèrement les morceaux de peau de saumon, sur les deux faces, puis placez-les sous un gril jusqu'à ce que la peau soit dorée et croustillante, et qu'elle commence à former des bulles et à brunir. Laissez refroidir de côté. La peau doit devenir un peu friable. Coupez les peaux en lanières et étalez-y la sauce teriyaki au pinceau. Confectionnez le rouleau avec la laitue et la ciboule (et le tobiko si vous en utilisez) comme décrit p. 22-23.

Voir variantes p. 173

Uramaki de crabe, tobiko et avocat

Pour 1 rouleau ou 6 à 8 pièces

Les rouleaux uramaki sont confectionnés de telle façon que le nori se trouve à l'intérieur. Cette technique autorise d'innombrables décors garnissant le riz qui les entoure. Ici, il s'agit de tobiko, mais on peut utiliser toutes sortes d'œufs de poisson.

1 c. à s. de chair de crabe fraîche
½ feuille de nori
125 g de riz shari (p. 28)
Wasabi
½ gros avocat, coupé en lamelles de 10 cm
1 c. à c. d'œufs de poisson volant (tobiko) rouges

En ce qui concerne la chair de crabe, on compte en général deux fois plus de chair blanche que de chair brune, mais vous pouvez réduire la proportion de chair blanche si vous préférez une consistance plus crémeuse. Confectionnez les rouleaux uramaki à l'aide de la chair de crabe et de l'avocat comme indiqué p. 24-25, en disposant des œufs de poisson volant sur l'extérieur du rouleau.

Modelez en forme de triangle, puis disposez les bouchées en cercle.

Voir variantes p. 174

Uramaki de bœuf poêlé et sauce teriyaki à la moutarde

Pour 1 rouleau ou 6 à 8 pièces

Faire revenir le rouleau entier à la poêle est une technique peu courante, mais délicieuse.

125 g de riz shari (p. 28)
1 c. à c. de moutarde en grains
2 c. à s. de sauce teriyaki (p. 36)
Beurre
1 c. à c. de ciboule, coupée en lamelles biseautées
1 c. à s. de haricots verts
½ feuille de nori
1 c. à c. de carotte en julienne
2 piments rouges, épépinés et finement émincés
100 g d'aloyau ou de filet de bœuf
Sel de mer et poivre noir
Ciboulette ciselée

Mélangez la moutarde avec la sauce teriyaki et réservez. Faites chauffer du beurre dans une poêle et mettez-y la ciboule et les haricots verts à revenir très légèrement (supprimez cette étape si vous les préférez plus croquants). Préparez l'uramaki avec les haricots verts, la ciboule, la carotte et les piments comme indiqué p. 24-25. Coupez le bœuf en tranches fines d'environ 10 cm de long dans l'idéal. Disposez-les, en les faisant se chevaucher un peu, sur l'uramaki et autour. Salez et poivrez. Placez le rouleau entier dans la poêle contenant le reste de beurre des légumes et faites dorer légèrement la viande. Ajoutez la sauce teriyaki à la moutarde dans la poêle et laissez revenir encore 1 min.

Retirez le rouleau de la poêle et laissez réduire la sauce. Enveloppez le rouleau dans du film alimentaire et resserrez à chaque extrémité. Découpez en 6 à 8 pièces, puis retirez le film. Versez un peu de sauce réduite sur les bouchées et parsemez de ciboulette ciselée.

Voir variantes p. 175

Rouleau de calamar, concombre et mizuna

Pour 1 rouleau ou 6 à 8 pièces

Une autre façon de réaliser des sushis agréables à l'œil consiste à les enrouler dans un ingrédient autre que le nori. Il s'agit ici de concombre, avec des variantes incluant des crustacés, des céphalopodes et des mollusques.

1 morceau de 10 cm de gros concombre
1 feuille de nori
125 g de riz shari (p. 28)
Wasabi
1 c. à c. d'œufs de colin épicés (mentaiko)
30 g de calamar très frais, nettoyé et coupé en julienne
2 c. à c. de carotte coupée en julienne
2 c. à c. de feuilles de mizuna, rincées et séchées (à défaut, utilisez de la roquette)

Munissez-vous d'un couteau de 15 cm, maintenez fermement le concombre contre la lame et tournez-le peu à peu de façon à obtenir une longue bande uniforme. Si vous n'y parvenez pas (cela demande de la pratique !), vous pouvez aussi bien ne pas envelopper les rouleaux.

Pour réaliser ce type de rouleau, employez la technique des futomaki décrite p. 22-23. Avec une petite cuillère, étalez le mentaiko – si vous n'en trouvez pas dans les épiceries japonaises, remplacez-le par un peu de pâte de wasabi et d'œufs de poisson volant (tobiko). Disposez le calamar, la carotte et les feuilles de mizuna. Roulez, puis, avant de découper, posez le rouleau sur les lanières de concombre et roulez-le une nouvelle fois avec le concombre. Recoupez les extrémités et découpez en 6 à 8 pièces.

Voir variantes p. 176

Rouleau de crabe mou et daikon

Pour 1 rouleau ou 6 à 8 pièces

Les maki légèrement poêlés ne font pas partie de la cuisine traditionnelle japonaise mais se sont bien implantés en Occident. Mieux vaut les servir sitôt préparés afin de profiter en bouche de ce contraste chaud-froid typique des sushis.

1 daikon de diamètre uniforme, les extrémités coupées et pelé
1 feuille de nori
125 g de riz shari (p. 28)
Wasabi
2 c. à c. d'œufs de poisson volant (tobiko) rouges
Ciboulette coupée en brins de 10 cm
½ gros avocat coupé en lamelles de 10 cm
Huile végétale de bonne qualité pour la friture
1 crabe à carapace molle
Fécule de pomme de terre
1 c. à c. de mayonnaise pimentée + pour le service (p. 50)

Commencez par le plus dur en réalisant les lanières de daikon. Tenez fermement le daikon contre la lame d'un couteau de 15 cm et tournez-le peu à peu afin d'obtenir une longue lanière uniforme. Vous pouvez aussi utiliser un économe. Roulez le futomaki comme indiqué p. 22-23. Étalez uniformément un peu de wasabi. Avec une petite cuillère, étalez ensuite les œufs de poisson puis ajoutez la ciboulette et l'avocat sur le dessus.

Versez environ 2,5 cm d'huile végétale dans une petite casserole et chauffez-la à 200 °C. Saupoudrez le crabe de fécule de pomme de terre et faites frire 3 à 4 min. Égouttez puis appuyez sur le crabe de façon à le comprimer suffisamment pour qu'il tienne dans le rouleau. Ajoutez le crabe au rouleau tant qu'il est encore bien chaud. Poursuivez le roulage. Avant de découper, posez le rouleau sur les lanières de daikon et enveloppez-le. Recoupez bien les extrémités et découpez en 6 à 8 pièces. Servez avec de la mayonnaise pimentée.

Voir variantes p. 177

Futomaki de piment shishito en tempura

Pour 4 rouleaux ou 24 pièces

Jouant sur les textures, ce futomaki associe le croquant du piment en tempura et le fondant du gruyère chaud. Servez-le de préférence dès qu'il est prêt.

8 à 12 piments shishito ou pedron espagnols
60 g de gruyère coupé en bâtonnets
Poivre noir
Ciboulette ciselée
4 feuilles de nori
400 g de riz shari (p. 28)
250 g de farine + un peu à saupoudrer
1 gros œuf
Huile végétale
4 c. à c. de miel liquide

Rincez les piments. Ôtez et réservez leur chapeau. Saupoudrez le gruyère de poivre et parsemez de ciboulette, puis enfoncez délicatement le gruyère dans les piments. Remettez les chapeaux et maintenez-les avec un cure-dent. Réalisez les futomaki comme indiqué p. 22-23. Préparez la pâte à tempura en mélangeant la farine, l'œuf et 35 cl d'eau glacée avec des baguettes, en laissant des grumeaux. Faites chauffer de l'huile à 175 °C dans une petite casserole profonde. Versez-y une goutte de pâte pour vérifier la température ; elle doit couler avant de remonter. Si elle ne remonte pas, l'huile n'est pas assez chaude ; si elle remonte aussitôt, elle l'est trop. Saupoudrez les piments de farine et secouez pour ôter l'excédent. Trempez-les dans la pâte, puis plongez-les délicatement dans l'huile. Laissez frire 3 min, jusqu'à ce que la pâte soit un peu dorée. Sortez les piments avec une écumoire à friture et égouttez-les sur une grille ou un torchon. Ajoutez les piments dans les rouleaux tant qu'ils sont encore chauds, puis versez un peu de miel sur le dessus. Terminez de rouler les futomaki et découpez-les en 6 morceaux.

Voir variantes p. 178

Uramaki d'avocat et prune ume

Pour 1 rouleau ou 6 à 8 pièces

Ces futomaki plairont aux végétariens qui en ont assez du fromage de chèvre et du houmos. Les saveurs japonaises, bien particulières, apporteront un changement bienvenu.

½ feuille de nori
125 g de riz shari (p. 28)
Pousses de shiso ou ciboulette ciselée
1 c. à c. de pâte de prunes ume
½ gros avocat coupé en lamelles de 10 cm
Feuilles de laitue
375 g de daikon nimono coupé en morceaux de 10 cm

Confectionnez le rouleau uramaki comme indiqué p. 24-25, puis parsemez-en la surface de pousses de shiso ou de ciboulette ciselée.

Étalez de la pâte de prunes ume le long du centre du rouleau, ajoutez l'avocat, la laitue et le daikon, puis terminez le roulage.

Voir variantes p. 179

Futomaki de tofu grillé

Pour 1 rouleau ou 6 à 8 pièces

Les saveurs fumées conviennent bien aux rouleaux végétariens. Le tofu n'est pas un ingrédient courant des sushis, mais cette variante est si savoureuse !

Pour la marinade :
18 cl de sauce soja
12 cl de vinaigre de riz
12 cl de mirin

100 g de tofu ferme
2 champignons shiitake entiers
½ poivron rouge
1 feuille de nori
125 g de riz shari (p. 28)
1 c. à c. de ponzu (p. 39)
Poivre noir
1 c. à c. de ciboule ciselée

Portez doucement la marinade à ébullition, ôtez du feu et laissez refroidir.

Égouttez le tofu et coupez-le en bâtonnets de 1 × 10 cm. Coupez les champignons en deux. Taillez le poivron en longues lanières épaisses. Plongez le tofu, le poivron et les champignons dans la marinade refroidie et laissez reposer 30 à 40 min.

Égouttez et posez le tofu, les champignons et le poivron sur la grille d'un barbecue à charbon de bois. Faites légèrement brunir. Le tofu nécessite davantage de temps que les champignons et le poivron.

Confectionnez les futomaki comme indiqué p. 22-23, après avoir poivré et parsemé de ciboule ciselée le poivron, les champignons et le tofu. Trempez le futomaki dans une sauce soja ponzu aux agrumes pour déguster.

Voir variantes p. 180

Futomaki de caille, figue, concombre, miel et soja

Pour 2 rouleaux ou 12 pièces

Ce futomaki très peu conventionnel est un savoureux exemple de sushi adapté à des traditions culinaires qui lui sont étrangères.

1 grosse poitrine de caille

Pour la marinade :
12 cl de sauce soja
12 cl de concentré de jus de pomme
12 cl de saké
2 c. à c. de gingembre râpé oroshi avec son jus

Huile végétale
2 figues équeutées
2 feuilles de nori
250 g de riz shari (p. 28)
30 g de concombre en julienne
Moutarde japonaise

Désossez et dégraissez la poitrine de caille. Mettez-la dans une passoire et versez de l'eau bouillante dessus. Rincez à l'eau froide et réservez. Préparez la marinade en mélangeant tous les ingrédients et versez-la sur la caille placée dans un saladier à fond plat. Laissez mariner au moins 30 min (ou une nuit). Faites chauffer de l'huile dans une poêle, sortez la caille de la marinade et faites revenir 1 min. Ajoutez un peu de marinade et prolongez la cuisson sur les deux faces pendant 2 à 3 min (ou plus longtemps si vous n'aimez pas la viande rosée). Retirez la caille de la poêle et découpez-la en tranches de 10 cm. Coupez les figues en quatre. Confectionnez les futomaki comme indiqué p. 22-23, en enveloppant la caille, la figue et le concombre. Arrosez de 1 c. à c. du jus laissé au fond de la poêle, puis servez avec la moutarde japonaise.

Voir variantes p. 181

Uramaki de bœuf saisi

Pour 1 rouleau ou 6 pièces

Ce maki s'affranchit lui aussi des traditions pour offrir un sushi étonnant enroulé dans du bœuf tataki saisi.

Huile végétale
125 g de filet de bœuf wagyu (ou d'aloyau de bœuf)
12 cl de saké
12 cl de sauce soja foncée
1 asperge
½ feuille de nori
125 g de riz shari (p. 28)
Moutarde japonaise (ou autre moutarde)
Mayonnaise au wasabi (p. 50)
2 c. à c. de beurre
2 c. à c. de ciboule ou d'oignon rouge finement émincés
Poivre noir

Faites chauffer de l'huile dans une casserole à fond épais et saisissez-y le bœuf 1 à 2 min par face. Transférez-le dans un bol d'eau glacée et laissez-le 5 min. Sortez-le et égouttez-le. La viande doit être joliment dorée en surface et crue à l'intérieur. Mélangez le saké et le soja dans un bol à fond plat et faites-y mariner la viande 30 min au moins (ou toute une nuit). Faites cuire l'asperge à la vapeur dans une passoire posée sur une casserole d'eau à ébullition, à couvert, pendant 1 min environ, de façon qu'elle reste ferme et croquante. Sortez-la du feu et laissez-la refroidir. Confectionnez l'uramaki comme indiqué p. 24-25, mais en remplaçant le wasabi par de la moutarde japonaise. Disposez l'asperge dessus et roulez. Coupez le bœuf mariné en très fines lamelles. Disposez celles-ci sur un autre tapis en bambou couvert de film alimentaire, posez le rouleau dessus et roulez une nouvelle fois. Coupez en 6 morceaux, depuis le milieu. Ôtez ensuite le film alimentaire de chaque bouchée. Versez un peu de mayonnaise au wasabi et garnissez de ciboule ou d'oignon rouge finement émincés.

Voir variantes p. 182

Uramaki de canard saisi et pamplemousse

Pour 1 rouleau ou 6 pièces

Le canard s'associe à la fermeté du pamplemousse pour offrir une texture succulente.

Pour la marinade :
9 cl de vinaigre de riz
1 c. à s. de miel
3 c. à s. de mirin
20 cl de sauce soja foncée

125 g de magret de canard
1/2 pamplemousse
30 g de concombre en julienne
1/2 feuille de nori
125 g de riz shari (p. 28)
Ciboulette ciselée
Moutarde japonaise (ou autre moutarde)
2 c. à c. de ciboule ou d'oignon rouge finement émincés
Piment

Dégraissez le magret. Mélangez tous les ingrédients de la marinade dans un bol à fond plat et plongez-y le canard 30 min au moins (ou une nuit). Égouttez-le. Faites chauffer une poêle et saisissez-y le canard 1 min peau en dessous, avant de dorer l'autre face. Retirez-le du feu et enveloppez-le de papier d'aluminium pour le laisser reposer 10 min. L'extérieur sera doré et croustillant, l'intérieur rosé. Versez la marinade dans la poêle avec le jus de viande et faites réduire sur feu moyen. Laissez refroidir. Coupez le pamplemousse en lamelles. Préparez le nori et le riz shari comme indiqué p. 24-25, en plaçant la ciboulette sur l'extérieur de l'uramaki. Ajoutez une touche de moutarde au lieu du wasabi au centre du nori. Posez le pamplemousse et le concombre par-dessus et roulez. Découpez en 6 pièces en partant du centre. Sortez la viande de l'aluminium et découpez-la en tranches fines. Déposez 1 tranche sur chaque maki. Décorez de ciboule ou d'oignon rouge et de piment, puis versez un peu de marinade réduite.

Voir variantes p. 183

Uramaki de bar poché, katsuo boshi et yuzu kosho

Pour 1 rouleau ou 6 pièces

J'ai utilisé du bar dans cette recette, mais n'hésitez pas à lui substituer toute autre espèce de poisson locale. Il est même possible d'employer des poissons qu'il n'est pas d'usage d'incorporer dans les sushis crus comme le lieu jaune ou la morue.

45 g de filet de bar
20 cl de sauce soja
9 cl de vinaigre de riz
9 cl de mirin
½ feuille de nori
125 g de riz shari (p. 28)
Une pointe de yuzu kosho
1 c. à c. de mizuna
1 c. à c. de katsuo boshi

Mettez le bar dans un petit plat allant au four. Mélangez la sauce soja, le vinaigre et le mirin et versez sur le bar. Glissez dans le four préchauffé à 175 °C (th. 5/6) et pochez 10 à 15 min selon l'épaisseur du filet.

Une fois le bar refroidi, effilochez le filet en petits morceaux. Préparez le nori et le riz shari comme indiqué p. 24-25, en remplaçant le wasabi par un peu de yuzu kosho et en farcissant le centre de bar poché et de feuilles de mizuna. Roulez l'uramaki dans des copeaux de bonite séchée (katsuo boshi) et découpez en 6 morceaux.

Lorsqu'il est au contact d'un ingrédient humide, le katsuo boshi perd rapidement sa texture floconneuse, aussi est-il conseillé de ne procéder à cette étape qu'au moment de déguster.

Voir variantes p. 184

Futomaki de salade de thon

Pour 1 rouleau ou 6 pièces

Le goût du thon en conserve est si différent de celui d'un morceau de maguro frais (la chair rouge du thon obèse ou du thon rouge) que les Japonais le surnomment « poulet de la mer ». Traditionnellement, c'est la chair blanche du thon albacore que les pêcheurs appelaient ainsi, mais, depuis quelque temps, c'est celle de la thonine à ventre rayé, qui est l'une des plus utilisées pour la fabrication des conserves.

30 g de thon en conserve au naturel
1 c. à c. d'oignon finement haché
1 c. à c. de radis rouge émincé
1 feuille de nori
125 g de riz shari (p. 28)
Wasabi
2 c. à c. de cresson

Égouttez le thon en conserve, puis mélangez-le avec l'oignon et le radis rouge. Confectionnez le futomaki comme indiqué p. 22-23, avec ce mélange de thon et du cresson.

Voir variantes p. 185

Uramaki-dragon de crevettes, saumon et avocat

Pour 1 rouleau ou 6 pièces

Cette recette est inspirée des bateaux-dragons chinois. Si la tête de la crevette semble intimidante, ce rouleau se révèle vraiment savoureux une fois que vous avez surmonté l'intensité de son regard ! La tête est bien sûr facultative.

2 grosses crevettes tigrées
Fécule de pomme de terre
Huile végétale
45 g de filet de saumon
½ avocat
½ feuille de nori
125 g de riz shari (p. 28)
Mayonnaise au piment (p. 50)

Décortiquez les crevettes, ôtez les têtes, mais laissez les queues en place. Réservez les têtes. Pour aplatir les crevettes, posez-les sur le dos et faites 3 petites incisions à des intervalles réguliers le long du centre, en veillant à ne pas couper sur toute l'épaisseur. Tournez les crevettes sur le ventre et appuyez doucement. Rincez-les, saupoudrez-les de fécule, puis faites-les frire dans une petite casserole d'huile bouillante. Égouttez-les sur un torchon. Coupez le saumon en 4 tranches fines. Coupez l'avocat en fines lamelles, dans la longueur.

Confectionnez l'uramaki comme indiqué p. 24-25, en plaçant les crevettes au centre, les queues émergeant sur les côtés. Disposez l'avocat et de saumon sur l'uramaki en alternant. Posez un morceau de film alimentaire sur le dessus du saumon et de l'avocat, et appuyez doucement pour donner la forme souhaitée. Découpez en 6 morceaux, puis ôtez le film. Décorez avec les têtes des crevettes et de la mayonnaise pimentée.

Voir variantes p. 186

Futomaki vitrail

Pour 1 rouleau ou 4 à 6 pièces

Ce maki est splendide et, une fois que vous vous serez fait la main, plus simple à réaliser qu'il n'y paraît de prime abord.

125 g de riz shari (p. 28)
30 g d'œufs de capelan (masago) jaunes
30 g d'œufs de capelan verts au wasabi
30 g d'œufs de poisson volant (tobiko) rouges ou de capelan rouges
2 feuilles de nori, coupées en deux
400 g de tamago sucré (p. 189), coupé en bâtonnets de 7,5 cm de long et du diamètre d'un crayon

La réalisation de ce futomaki consiste à envelopper des rouleaux les uns dans les autres, à les couper en quartiers et à les disposer de façon à placer les angles droits vers l'extérieur, avant de reformer un grand maki carré. Utilisez beaucoup moins de riz que pour un maki classique.

Divisez le riz en 3 parts et mélangez chacune avec une sorte d'œufs de poisson différente. Il est préférable d'utiliser des œufs de capelan masago, car ils sont assez petits. Préparez ensuite le rouleau intérieur. Recoupez ½ feuille de nori en deux et utilisez l'un des quarts. Placez le bord le plus court face à vous, étalez une fine couche uniforme de riz au masago jaune sur l'algue, puis roulez comme un hosomaki, de façon que les bords du nori se touchent sans se chevaucher.

Prenez ½ feuille de nori et placez le bord le plus court face à vous. Étalez une fine couche de riz au masago vert, en laissant, en haut, environ la moitié de l'algue non couverte. Posez le rouleau jaune sur le riz vert et roulez comme un hosomaki. Recoupez alors l'algue non couverte de riz qui dépasse.

Prenez ½ feuille de nori et placez le bord le plus court face à vous. Étalez une couche bien homogène de riz orange, en laissant une marge de 1,25 cm en haut. Placez le double rouleau jaune et vert sur le riz orange et roulez. Vous obtenez maintenant un futomaki tricolore.

Laissez reposer au moins 10 min. À l'aide d'un long couteau aiguisé, coupez alors le rouleau en deux dans la longueur. Recoupez chaque moitié dans la longueur, afin d'obtenir 4 longs quartiers. Prenez 2 quartiers et retournez-les de façon que le côté arrondi soit à l'intérieur et le côté carré à l'extérieur. Placez le morceau de tamago au centre des arrondis. Complétez le carré avec les 2 autres quartiers. Placez l'ensemble du rouleau carré sur ½ feuille de nori et roulez une nouvelle fois. Modelez délicatement, en vous servant du tapis en bambou. Retirez le tapis et découpez en 4 à 6 morceaux, afin de révéler le magnifique cœur.

Voir variantes p. 187

Variantes

Futomaki de saumon et avocat

Recette de base p. 145

Futomaki de thon negitoro
Remplacez le saumon par du filet de thon albacore ou obèse, haché très fin pour obtenir une consistance presque pâteuse. Incorporez une touche de mayonnaise au wasabi (p. 50) et mélangez avec de la ciboule finement hachée.

Futomaki épicé de thon et piment shichimi
Suivez la recette de base, en remplaçant le saumon par des lanières de thon de 10 cm, et l'avocat par de la salade iceberg et du concombre en julienne. Saupoudrez de piment shichimi et roulez.

Futomaki de daurade, prune ume et concombre
Suivez la recette de base, en remplaçant le saumon par des lanières de daurade de 10 cm, et l'avocat par des feuilles de frisée et du concombre en julienne. Remplacez le wasabi par de la purée de prunes ume.

Futomaki de limande-sole et shiso
Suivez la recette de base, en remplaçant le saumon par des lanières de limande-sole de 10 cm. À l'avocat, ajoutez quelques feuilles de chicorée et de shiso.

Futomaki de thon albacore et daikon épicé
Suivez la recette de base, en remplaçant le saumon par des lanières de thon albacore de 10 cm, et l'avocat par 1 c. à c. de daikon, du piment haché, du concombre en julienne et du shichimi.

Variantes

Futomaki de peau de saumon croustillante

Recette de base p. 146

Futomaki de thon et maïs

Égouttez une boîte de 150 g de thon et mélangez avec 100 g de maïs et 1 c. à s. rase de mayonnaise au wasabi (p. 50). Confectionnez le rouleau avec cette préparation, du radis rouge finement émincé et du cresson.

Futomaki de saumon poché, asperge et mayonnaise au wasabi

Pochez quelques petits morceaux de saumon, faites cuire 1 asperge à la vapeur et roulez le futomaki avec un peu de mayonnaise au wasabi (p. 50).

Futomaki de saumon poché, concombre et cresson

Pochez quelques petits morceaux de saumon et roulez le futomaki avec du concombre en julienne et 1 brin de cresson.

Futomaki de saumon frit katsu et fenouil

Roulez des morceaux de saumon dans de la chapelure et faites-les frire (p. 234). Roulez avec du fenouil en julienne, quelques feuilles de laitue iceberg et un peu de mayonnaise tonkatsu (p. 50).

Futomaki d'anguille kabayaki et concombre

Remplacez le saumon par de l'anguille kabayaki (préparée comme décrit p. 222). Roulez avec du concombre en julienne. Dégustez tant que l'anguille est encore chaude.

Variantes

Uramaki de crabe, tobiko et avocat

Recette de base p. 149

Uramaki de crevettes tigrées et avocat
Remplacez le crabe par 2 crevettes tigrées et le tobiko par de la ciboulette ciselée.

Uramaki de homard et avocat
Remplacez le crabe par du homard préparé comme indiqué p. 62.

Uramaki de saint-jacques et avocat
Remplacez le crabe par 1 grosse noix de saint-jacques et le tobiko par quelques feuilles de mitsuba finement hachées. Roulez avec l'avocat et des feuilles de laitue.

Uramaki de crevettes tigrées et gombo
Remplacez le crabe par 2 grosses crevettes tigrées mélangées avec du gombo poché façon nimono (p. 73) et le tobiko par des graines de sésame.

Uramaki de calamar, prune ume, shiso et caviar
Remplacez le crabe par des lanières de calamar cru préparé comme décrit p. 17 et le tobiko par du caviar, roulez avec de la purée de prunes ume et parsemez de feuilles de shiso ciselées.

Uramaki de crevette tigrée, saumon, fromage frais et avocat
Remplacez le crabe par 1 crevette tigrée et 1 c. à s. de saumon, un peu de fromage frais et une pincée de ciboulette ciselée. Remplacez le tobiko par des graines de sésame noir.

Variantes

Uramaki de bœuf poêlé et sauce teriyaki à la moutarde

Recette de base p. 150

Uramaki de canard poêlé, haricots verts, carotte, piment et ciboule
Remplacez le bœuf par des tranches de canard.

Uramaki de bœuf poêlé, asperge, bardane, piment et cresson
Remplacez les haricots verts par de l'asperge, la carotte par de la bardane kinpira (p. 252) et la ciboule par du cresson.

Uramaki de thon poêlé, haricots verts, carotte, piment et ciboule
Remplacez le bœuf par des tranches de thon de 5 mm d'épaisseur.

Uramaki de canard poêlé, haricots verts, daikon, graines de sésame et ciboule
Remplacez le bœuf par du canard, la carotte par du radis blanc et le piment par des graines de sésame.

Uramaki de thon poêlé et mayonnaise au wasabi
Remplacez le bœuf par des tranches de thon de 5 mm d'épaisseur et les haricots verts par de la laitue romaine. Étalez un peu de mayonnaise au wasabi.

Uramaki de canard poêlé, concombre, ciboule, carotte et sauce hoisin
Remplacez le bœuf par du canard. Ajoutez du concombre et de la ciboule en julienne avec la carotte et étalez un peu de sauce hoisin.

Variantes

Rouleau de calamar, concombre et mizuna

Recette de base p. 152

Rouleau de poulpe, concombre et ciboule
Remplacez le calamar par du poulpe cuit préparé comme indiqué p. 74. Ajoutez de longues lanières de concombre et de la ciboule hachée dans le rouleau. Enveloppez de daikon.

Rouleau de crevettes tigrées, haricots verts et aïoli au paprika fumé
Remplacez le calamar par des crevettes préparées comme indiqué p. 225. Roulez avec 10 g de haricots verts blanchis, ajoutez 1 c. à c. d'aïoli et enveloppez de concombre.

Rouleau de saint-jacques et shiso
Remplacez le calamar par des noix de saint-jacques crues préparées comme indiqué p. 110. Ajoutez quelques feuilles de shiso ciselées dans le rouleau. Versez 1 c. à c. de ponzu (p. 39) et enveloppez de concombre.

Rouleau de homard et aïoli au yuzu
Remplacez le calamar par du homard préparé comme indiqué p. 62. Ajoutez des feuilles de laitue et 1 c. à c. d'aïoli au yuzu, puis enveloppez dans du concombre.

Rouleau de crevettes tigrées, yuba et mayonnaise au piment doux
Remplacez le calamar par des crevettes préparées comme indiqué p. 225. Séchez 2 lanières de peau de tofu (yuba), dont les dimensions standard sont d'environ 5 × 7,5 cm. Ajoutez 1 c. à c. de mayonnaise au piment doux et enveloppez dans du daikon.

Variantes

Rouleau de crabe mou et daikon

Recette de base p. 154

Rouleau de crevettes tigrées, avocat et mayonnaise pimentée
Remplacez le crabe par 2 crevettes tigrées frites et roulez avec de l'avocat, des œufs de poisson et de la laitue.

Rouleau de homard, avocat, mayonnaise au wasabi et caviar
Remplacez le crabe par 200 g de chair de homard frite. Roulez avec de la laitue romaine, une pincée de pousses de moutarde et de shiso, 1 c. à c. de mayonnaise au wasabi et 1 c. à c. de caviar ou d'œufs de poisson volant (tobiko) noirs.

Rouleau de calamar, mizuna, piment, sel de mer et citron vert
Remplacez le crabe par 200 g de calamar cru coupé en morceaux de taille identique. Roulez avec la mizuna, des piments rouges hachés, du zeste de citron vert et une pincée de sel de mer.

Rouleau d'huîtres et aïoli au yuzu
Remplacez le crabe par 2 huîtres frites. Roulez avec de la laitue et 1 c. à c. d'aïoli au yuzu.

Variantes

Futomaki de piment shishito en tempura

Recette de base p. 156

Futomaki de potiron et bardane en tempura, vinaigrette au sésame
Remplacez le piment par 60 g de potiron et 60 g de bardane, chacun coupé en tranches de 5 mm d'épaisseur. Ajoutez un peu de laitue iceberg et étalez uniformément 1 c. à c. de vinaigrette au sésame (p. 53) sur les légumes avant de rouler.

Futomaki d'avocat et aïoli au paprika fumé
Remplacez le piment par de l'avocat et ajoutez 1 c. à c. d'aïoli au paprika fumé avant de rouler le maki.

Fleur de courgette, mozzarella et miel
Farcissez 1 fleur de courgette de mozzarella et terminez le rouleau par un peu de poivre noir et de miel.

Piment shishito farci au gorgonzola et miel
Farcissez le piment shishito de gorgonzola et terminez le rouleau par un peu de noisettes poêlées et de miel.

Uramaki d'avocat et prune ume

Recette de base p. 157

Uramaki de shiso et concombre
Supprimez l'avocat et roulez avec de la feuille de shiso déchirée avec les doigts, du daikon et du concombre en julienne, ainsi que 2 feuilles de laitue. Remplacez les pousses de shiso par du persil haché.

Uramaki de tsukemono, avocat et poivron rouge
Suivez la recette de base, en ajoutant du gingembre confit (tsukemono, p. 32), des lanières de poivron rouge de 10 cm, de la carotte et du concombre en julienne, des feuilles de laitue et une pincée de graines de sésame. Parsemez l'extérieur de ciboulette ciselée.

Uramaki de bardane et carotte
Supprimez le daikon et l'avocat, et roulez en suivant la recette de la p. 252. Utilisez les mêmes graines sur l'extérieur.

Uramaki de brocoli à jets violets et sésame
Supprimez le daikon et l'avocat, et roulez avec 2 fleurettes de brocoli à jets violets blanchies, 1 c. à c. de vinaigrette au sésame (p. 53), quelques feuilles d'épinards crues et de la carotte en julienne.

Variantes

Futomaki de tofu grillé

Recette de base p. 158

Futomaki de tofu grillé et concombre
Suivez la recette de base, en roulant avec du concombre en julienne et une pincée de graines de sésame.

Futomaki de tofu grillé, tomates demi-séchées, pignons de pin et basilic
Suivez la recette de base pour griller le tofu. Ajoutez 2 tomates demi-séchées, quelques pignons de pin et quelques feuilles de basilic ciselées. Servez avec de l'aïoli au yuzu.

Futomaki de tamago, shiitake, pousses de bambou et cresson
Supprimez le poivron rouge et remplacez le tofu par des shiitake et de la calebasse confite (p. 49). Ajoutez 1 tranche d'omelette (p. 189) de 10 cm, des lanières de pousses de bambou (en conserve ou sous vide) rincées et bien égouttées, ainsi que quelques feuilles de cresson.

Futomaki de tamago, carotte, haricots verts et inari
Remplacez le tofu par des haricots verts et de la carotte. Ajoutez des lanières d'omelette (p. 189) et de tofu inari (peau de tofu frite), et parsemez de graines de sésame.

Futomaki de champignons enoki, tamago, mizuna et yuba
Remplacez le tofu par des champignons enoki et faites légèrement griller. Ajoutez 1 lanière de peau de tofu (yuba), de l'omelette (p. 189) et quelques feuilles de mizuna.

Variantes

Futomaki de caille, figue, concombre, miel et soja

Recette de base p. 161

Futomaki de caille poêlée et châtaignes
Suivez la recette de base, en ajoutant des morceaux de châtaignes cuites à l'eau dans la poêle au moment d'y faire revenir les cailles. Roulez avec du concombre en julienne.

Futomaki de canard poêlé, ciboule et piment rouge
Remplacez la caille par du magret de canard. Roulez avec du concombre et de la carotte en julienne, ainsi que de la ciboule et du piment hachés.

Futomaki de chorizo poêlé et poivrons vert et jaune
Remplacez la caille par du chorizo coupé en morceaux de 10 cm de long, puis en deux. Supprimez les figues et le concombre. Préparez la marinade, mais sans y faire mariner la viande. Coupez 1 poivron vert et 1 poivron jaune en lanières, et faites revenir brièvement dans la marinade avec le chorizo et le piment. Servez avec de l'aïoli au paprika fumé.

Futomaki de raviolis gyoza, mizuna et daikon
On trouve des gyoza, des raviolis de porc et de chou, dans les épiceries japonaises. Cuisez-les à la vapeur et ne les faites pas mariner. Versez quelques gouttes de sauce à la marinade dans une poêle et mettez-y les gyoza à revenir pendant 2 min. Roulez avec une julienne de mizuna et de daikon en julienne.

Variantes

Uramaki de bœuf saisi

Recette de base p. 162

Uramaki d'anguille kabayaki, concombre et avocat
Préparez l'anguille comme indiqué p. 222. Réalisez le rouleau intérieur avec l'anguille grillée et le concombre en julienne. Enveloppez le rouleau d'avocat coupé en fines lamelles. Versez un peu de sauce à l'anguille et parsemez de quelques baies roses.

Uramaki de foie gras, poire nashi pochée, umeshu et concombre
Coupez 90 g de foie gras en tranches de 2 cm d'épaisseur. Saupoudrez-les de fécule de pomme de terre, faites-les frire jusqu'à ce qu'elles soient un peu dorées et égouttez-les sur un torchon. Faites chauffer de la sauce soja, du vinaigre de riz et du vin de prune (umeshu) à parts égales sur feu vif. Ajoutez 1 poire nashi et faites pocher. Quand la poire s'est attendrie tout en restant croquante, sortez-la et faites réduire le jus. Ajoutez quelques gouttes d'huile de truffe blanche et quelques baies roses. Roulez l'uramaki autour du foie gras et de la poire. Enveloppez de fines lanières de concombre. Découpez, puis surmontez de poireau frit et d'un peu de jus restant.

Uramaki d'halloumi, piment shishito grillé et pancetta
Supprimez le bœuf, l'asperge et la mayonnaise au wasabi. Coupez 15 g d'halloumi et autant de piment en lanières de 10 cm, et étalez-y un mélange de sauce soja et de saké avant de faire griller. Roulez autour de l'halloumi et du piment, puis enveloppez de tranches de pancetta.

Uramaki de mozzarella et saumon fumé
Supprimez le bœuf, l'asperge et la mayonnaise au wasabi. Roulez avec de la mozzarella, de la ciboulette ciselée et des feuilles de laitue, puis enveloppez de tranches de saumon fumé.

Variantes

Uramaki de canard et pamplemousse

Recette de base p. 164

Uramaki de bœuf saisi, figue et haricots verts
Remplacez le canard par du filet de bœuf mariné. Composez l'intérieur du rouleau avec des haricots verts blanchis et des tranches de figue crue, et l'extérieur avec de la ciboulette ciselée. Surmontez chaque maki de 1 tranche de bœuf juste saisie et 1 rondelle d'oignon finement émincé.

Uramaki de poulet saisi, yuzu kosho et épinards
Remplacez le canard par 1 cuisse de poulet marinée. Réalisez l'intérieur du rouleau avec une touche de yuzu kosho et des feuilles d'épinards, et l'extérieur avec des pousses de shiso. Surmontez chaque maki de 1 lamelle de poulet juste saisie, puis décorez de pousses de shiso et de moutarde.

Uramaki de jambon fumé, ananas et pousses de moutarde
Remplacez le canard par 1 morceau de jambon fumé mariné. Composez l'intérieur du rouleau avec de l'ananas et du concombre, et l'extérieur avec des pousses de moutarde et de shiso. Surmontez chaque maki de 1 lamelle de jambon fumé mariné, saupoudrez de poivre noir et parsemez de piment rouge finement émincé.

Variantes

Uramaki de bar poché, katsuo boshi et yuzu kosho

Recette de base p. 166

Uramaki de morue, mizuna et katsuo boshi
Remplacez le bar par de la morue (ou une autre espèce de poisson blanc locale pêchée de façon durable).

Uramaki de thon, concombre et tobiko épicé
Remplacez le bar par du thon et la mizuna par du concombre. Remplacez le katsuo boshi par un mélange d'œufs de poisson volant et de piment shichimi.

Uramaki de fruits de mer, mizuna et katsuo boshi
Remplacez le bar par un mélange de fruits de mer : palourdes, noix de saint-jacques, moules et huîtres.

Uramaki de haddock, mizuna et prosciutto
Remplacez le bar par du haddock. Remplacez le katsuo boshi par du prosciutto haché.

Uramaki de lotte pochée, concombre et prosciutto
Remplacez le bar par de la lotte pochée, et la mizuna par du concombre. Remplacez le katsuo boshi par du jambon cru italien haché.

Variantes

Futomaki de salade de thon

Recette de base p. 168

Futomaki de salade de thon et maïs
Remplacez le radis rouge et le cresson par du maïs.

Futomaki de salade de thon et tomate
Remplacez le radis rouge et le cresson par de la tomate coupée en petits morceaux.

Futomaki de salade de thon et jalapeño
Remplacez le radis rouge, l'oignon et le cresson par du jalapeño haché.

Futomaki de salade de thon, haricots rouges et poivron vert
Remplacez le radis rouge, l'oignon et le cresson par des haricots rouges et du poivron vert haché.

Futomaki de salade de thon et olives noires
Remplacez le radis rouge, l'oignon et le cresson par des olives noires hachées.

Variantes

Uramaki-dragon de crevettes, saumon et avocat

Recette de base p. 169

Uramaki-dragon d'anguille, saumon et avocat
Remplacez les crevettes par de l'anguille préparée comme indiqué p. 222.

Uramaki-dragon de crevettes et avocat
Incisez les crevettes pour les ouvrir. Composez l'intérieur du rouleau à l'aide de carotte et de laitue en julienne. Enveloppez autour de lamelles d'avocat et de crevettes cuites.

Uramaki-dragon de thon, avocat, carotte et laitue
Composez l'intérieur du rouleau avec de la carotte et de la laitue en julienne, et roulez avec des lamelles d'avocat et de thon.

Uramaki-dragon d'anguille, concombre et avocat
Remplacez les crevettes par de l'anguille préparée comme décrit p. 222 et roulez avec des ingrédients présentant un camaïeu de vert, en utilisant de fines lamelles d'avocat et de concombre.

Uramaki-dragon de thon, avocat, crevettes et cresson
Composez l'intérieur du rouleau avec des crevettes et du cresson, puis roulez avec des lamelles d'avocat et de thon.

Variantes

Futomaki vitrail

Recette de base p. 170

Futomaki vitrail soboro

Remplacez les œufs de poisson par du soboro (condiment à base de poisson ou de viande hachés). On en trouve aisément dans les supermarchés asiatiques, mais prêtez attention à la composition, qui inclut souvent du sucre et des colorants. Remplacez le tamago par un poisson blanc de votre choix.

Futomaki vitrail de saumon et caviar

Suivez la recette de base, en réalisant trois riz différents à base de caviar ou d'œufs de hareng noir, de riz blanc nature et de masago vert, avec une bande orange vif de saumon cru ou fumé.

Futomaki vitrail végétarien

Suivez la recette de base, en réalisant les riz de couleurs différentes à l'aide de graines de sésame noir, de sauce furikake à la prune violette ume (que l'on trouve dans la plupart des supermarchés japonais) et de feuilles de shiso vert finement hachées mélangées à du riz. Pour le centre, vous pouvez utiliser 1 bâtonnet de concombre ou de légume confit oshinko jaune.

Sashimis

En quelques mots, les sashimis sont des tranches de poisson cru fraîchement découpées, qui mettent en valeur les saveurs naturelles des ingrédients. Malgré une apparente simplicité, la préparation du sashimi exige un maniement expert du couteau et une certaine science du travail du poisson. Ce qui s'acquiert, rassurez-vous ! Et se voit délicieusement récompensé...

Sashimi de tamago sucré

Pour 3 portions

Les sushis réclament beaucoup de soin et de doigté. C'est pourquoi, sans doute, certains affirment que le talent d'un maître sushi se mesure à la qualité de son omelette sucrée tamago.

1 c. à c. de sucre
6 cl de dashi (p. 44)
3 cl de sauce soja
1 c. à s. de mirin
6 œufs
Huile végétale

Faites dissoudre le sucre dans le dashi, la sauce soja et le mirin. Battez légèrement les œufs à la fourchette et ajoutez-les à la préparation. Faites chauffer une poêle (carrée de préférence, comme il est d'usage au Japon, mais une ronde conviendra aussi) et huilez-la très légèrement. Versez-y un tiers des œufs et inclinez-la pour la napper uniformément. Faites cuire sur feu moyen jusqu'à ce que les bords soient un peu croustillants, mais le centre encore coulant.

À l'aide de baguettes ou d'une spatule, repliez l'omelette en deux, puis en quatre, et poussez-la au bord de la poêle. Versez un autre tiers des œufs dans la poêle, en soulevant l'omelette cuite pour répartir les œufs crus dans toute la poêle. Quand la deuxième omelette est cuite, pliez-la en quatre et posez-la sur la première. Répétez l'opération avec le reste d'œuf et pliez l'omelette. Retirez les omelettes de la poêle et laissez refroidir avant de les découper. Si vous avez utilisé une poêle ronde, coupez les arrondis pour obtenir un beau carré d'omelette.

Ce tamago peut se servir en guise de sashimi, sans riz, découpé en triangles. Accompagnez-le de sauce soja et éventuellement d'un peu de daikon oroshi (radis blanc râpé).

Voir variantes p. 209

Sashimi de poisson blanc, poireau et gingembre oroshi

Pour 1 portion

Traditionnellement, les poissons blancs tels que le bar ou le vivaneau étaient très prisés. Le thon n'est devenu populaire que dans les années 1920, et le saumon dans les années 1990, avec le développement des fermes d'élevage. Auparavant, thon et saumon étaient cantonnés à la nourriture pour chats ! L'occidentalisation de l'alimentation japonaise a sans doute contribué à ce récent engouement pour les poissons gras.

1 turbot entier, d'au moins 800 g (évitez les poissons plus petits, qui n'ont pas atteint leur maturité sexuelle)
200 g de tsuma de daikon (p. 27)
5 c. à c. de gingembre râpé
5 c. à c. de poireau finement haché

Levez les filets comme indiqué p. 16-17. Pour les découper en lamelles, munissez-vous d'un couteau parfaitement affûté et coupez perpendiculairement aux fibres, en tirant le couteau vers vous d'un geste franc. Commencez à l'extrémité la plus éloignée avec l'appui du couteau, en le relevant au fil de la coupe. Les lamelles doivent être très fines et peser environ 10 g chacune, ce qui est plus fin que pour un poisson plus tendre comme le thon ou le saumon. Disposez le tsuma de daikon dans une assiette et placez les lamelles de sashimi par-dessus. À l'aide d'une petite cuillère, déposez un peu de gingembre sur chaque tranche de poisson et décorez de poireau haché.

Voir variantes p. 210

Sashimi de lieu jaune hamachi, ceviche aux herbes, daikon et huile d'olive au ponzu

Pour 1 portion

Les poissons plus tendres et plus gras tels que le lieu jaune s'accordent bien avec les sauces et les parfums les plus intenses. Le fondant du hamachi se prête tout à fait à ce sashimi façon ceviche.

150 g de lieu jaune hamachi
12 cl de sauce ceviche (p. 43)
2 c. à c. de persil plat finement haché
2 c. à c. de coriandre finement hachée
Un peu de tsuma de daikon (p. 27)
1 c. à c. de daikon oroshi mélangé à quelques gouttes de sauce soja
Pousses de shiso
1 jalapeño rouge, finement émincé
2 c. à s. de ponzu (p. 39)
2 c. à s. d'huile d'olive

Le lieu jaune est un gros poisson rarement proposé entier à la vente en dehors du Japon. Coupez votre filet en tranches comme indiqué p. 18. Mélangez la sauce ceviche, le persil et la coriandre. Mettez un peu de cette sauce ceviche aux herbes au centre de l'assiette, puis disposez par-dessus le tsuma de daikon. Positionnez les lamelles de poisson autour du daikon. Surmontez chaque tranche de lieu d'un peu de radis râpé au soja, d'une feuille de pousse de shiso et d'une fine rondelle de jalapeño rouge.

Mélangez l'huile d'olive et le ponzu, et versez-en un filet sur le poisson juste au moment de servir.

Voir variantes p. 211

Sashimi de maquereau mariné, ciboule et gingembre oroshi

Pour 1 portion

Durant la saison du maquereau (généralement les mois les plus chauds de l'année dans l'hémisphère Nord), sa chair plus grasse se dégrade plus rapidement. La chair tendre se brisant facilement, veillez à lever les filets avec la plus grande délicatesse et le moins de mouvements du couteau possible. Cela prévient l'oxydation et conserve à la chair toute sa fermeté.

200 g de filet de maquereau mariné (p. 61)
200 g de tsuma de daikon (p. 27)
Rondelles de citron
5 c. à c. de gingembre oroshi
7 c. à s. de ciboule ciselée
Wasabi

Utilisez du maquereau mariné préparé comme indiqué p. 61. Disposez le tsuma de daikon dans une assiette et placez les lamelles de sashimi en rond par-dessus. Insérez une rondelle de citron entre chaque tranche de maquereau. À l'aide d'une petite cuillère, déposez un peu de gingembre râpé sur chaque tranche, puis décorez de ciboule.

Voir variantes p. 212

Turbot usuzukuri, ponzu, daikon oroshi et pousses de shiso

Pour 1 portion

Les poissons plats sont souvent coupés fin pour mettre en valeur leur chair transparente, leur fraîcheur et leur fermeté. L'usuzukuri est généralement servi avec du ponzu, une sauce classique à base de soja et d'agrumes.

1 turbot
2 c. à c. de daikon oroshi
3 c. à s. de ponzu (p. 39)
4 c. à c. de pousses de shiso
1 citron, coupé en fines rondelles

Si vous le pouvez, choisissez un poisson pêché à filets maillants ou un poisson de ligne plutôt qu'un poisson de chalut, dont la chair sera meurtrie. Dans l'idéal, il aura été tué rapidement et aura été saigné, ce qui réduit le risque de contamination de sa chair d'un blanc cristallin.

Levez les filets comme indiqué p. 18 dans l'introduction à la découpe gomai oroshi.

À l'aide d'un couteau parfaitement aiguisé, découpez le filet en lamelles ultrafines comme indiqué p. 190. Elles doivent être translucides. Quand vous en avez suffisamment, disposez-les comme vous le souhaitez. Déposez dessus le radis blanc râpé et arrosez de sauce ponzu. Parsemez de shiso et décorez de rondelles de citron.

Proposez le reste de ponzu dans un petit bol. Pour déguster, prenez chacun de ces pétales de poisson et trempez-les légèrement dans la sauce.

Voir variantes p. 213

Sashimi de saumon aburi en ceviche, huile d'olive à la truffe

Pour 1 portion

Aburi signifie simplement « grillé », selon une technique permettant de raffermir l'extérieur du poisson. Traditionnellement, on employait pour cela un barbecue à charbon.

150 g de filet de saumon
Sel de mer et poivre noir
6 cl de sauce ceviche (p. 43)
2 c. à c. de daikon oroshi
1 c. à c. de ciboulette finement ciselée
Quelques gouttes d'huile de truffe
2 c. à s. d'huile d'olive
Pousses de moutarde ou de shiso
Copeaux de daikon

Découpez le filet de saumon comme indiqué p. 18 dans l'introduction consacrée à la découpe des gros poissons. Saupoudrez-le de sel de mer et de poivre noir. Dorez légèrement sa surface à la flamme d'un chalumeau de cuisine. (À défaut, faites revenir dans du beurre.)

Découpez le saumon en tranches de 1 cm. Disposez-les à votre convenance dans une assiette de service. Mélangez la sauce ceviche, le radis blanc râpé et la ciboulette ciselée. Versez 1 c. à c. de cette sauce sur le saumon, puis quelques gouttes d'huile de truffe. Cette dernière est très parfumée, aussi utilisez-la avec parcimonie. Versez l'huile d'olive en filet sur le saumon juste avant de servir. Décorez de pousses de moutarde ou de shiso et de copeaux de radis blanc.

Voir variantes p. 214

Sashimi de saumon en croûte de sésame, sauce au piment coréen

Pour 1 portion

Le poisson juste saisi est largement plébiscité par la cuisine moderne japonaise. Ainsi poêlé, le poisson gras est plus à même de supporter le parfum prononcé d'une sauce épicée au piment.

150 g de filet de saumon
Sel de mer
Poivre noir
30 g de graines de sésame noir et blanc en mélange
Huile végétale
12 cl de sauce au piment coréen (p. 54)
30 g de jeunes pousses
Pousses de shiso

Préparez le filet de saumon comme indiqué p. 18. Frottez le filet avec du sel et du poivre noir. Roulez-le dans les graines de sésame de façon à bien recouvrir sa surface. Faites chauffer un peu d'huile dans une poêle et saisissez-y le saumon 1 min environ sur chaque face. Retirez du feu.

Une fois le saumon refroidi, découpez-le en tranches d'environ 25 g chacune. Versez la sauce pimentée dans une assiette de service. Disposez le saumon sur la sauce, puis décorez de jeunes pousses et de pousses de shiso.

Voir variantes p. 215

Sashimi de calamar et œufs de saumon ikura

Pour 1 portion

L'idée de manger ces céphalopodes crus laisse souvent imaginer quelque chose de gluant et de caoutchouteux, mais en réalité c'est tout le contraire. Le calamar et le poulpe crus offrent une douce saveur marine et une consistance plutôt ferme.

4 c. à c. d'œufs de saumon
3 c. à s. de saké
3 c. à s. de sauce soja
150 g de filet de calamar
Wasabi
30 g de tsuma de wakame et daikon (p. 27)

Mettez les œufs de saumon dans un bol et couvrez de saké et de sauce soja. Laissez mariner au moins 4 h au réfrigérateur. Jetez la sauce soja et le saké, en veillant à ne pas briser les œufs. Préparez le calamar entier comme indiqué p. 17. Posez le filet de calamar sur une planche à découper et taillez-le en fines lanières. Cette découpe en julienne en rehausse la saveur en bouche. Disposez dans une assiette et surmontez d'œufs de saumon. Servez avec le tsuma de wakame et daikon et, dans un bol séparé, un peu de wasabi mélangé à de la sauce soja. Vous pouvez aussi confectionner un rouleau au calamar avec un ingrédient coloré tel que du concombre ou une feuille de shiso. Préparez 1 filet carré de calamar de 10 cm de côté et faites des incisions en biais d'un côté du filet, sans couper dans toute l'épaisseur. Prenez un couteau de 15 cm, maintenez fermement 1 morceau de concombre de 15 cm contre la lame et tournez peu à peu le concombre de façon à obtenir une longue lanière uniforme. Couvrez le calamar de cette lanière et roulez comme un maki, puis découpez-le en tranches de 2 cm d'épaisseur.

Voir variantes p. 216

Sashimi de poulpe, teriyaki et sésame

Pour 1 portion

Le sashimi évoque généralement du poisson cru, mais on peut aussi réaliser des plats de type sashimi avec du poulpe, du calamar, des crevettes ou des noix de saint-jacques cuits.

150 g d'extrémités de tentacules de poulpe
45 g de concombre en julienne
2 c. à s. de sauce teriyaki (p. 36)
Graines de sésame noir
Feuilles de coriandre

Préparez le poulpe comme indiqué p. 74. L'idéal étant de réserver les parties les plus épaisses des tentacules pour confectionner des nigiri, vous pouvez utiliser les extrémités plus fines pour cette recette.

Disposez le concombre en julienne dans une assiette, puis le poulpe par-dessus, enfin versez 1 c. à c. de sauce teriyaki. Parsemez de graines de sésame et de feuilles de coriandre. Vous pouvez aussi réaliser de petits éventails avec le concombre, comme représenté ci-contre, pour donner une note plus décorative.

Voir variantes p. 217

Foie de lotte ankimo

Pour 1 portion

De nombreux produits de la mer sont boudés des Occidentaux, et le foie de lotte n'en est qu'un exemple parmi tant d'autres. Au Japon, il est appelé « foie gras de la mer ». En effet, il partage une certaine ressemblance avec « notre » foie gras.

1 foie de lotte
30 g de sel
Sauce ceviche (p. 43)
Caviar
Ciboulette ciselée (facultatif)

Assurez-vous, comme toujours, auprès de votre poissonnier que le foie de lotte est bien frais. Ôtez les vaisseaux sanguins et la membrane extérieure avec un petit couteau. Faites tremper le foie dans 1 l d'eau salée, pendant 30 min environ. Ajoutez de l'eau si le foie est gros.

Séchez le foie. Posez-le sur un morceau de film alimentaire et roulez-le de façon à obtenir une forme cylindrique. Faites quelques trous dans le film, puis emballez le foie dans du papier d'aluminium. Resserrez aux deux extrémités, puis enroulez dans un tapis à maki en bambou et maintenez-le en place avec un élastique. Posez le tout dans une passoire placée au-dessus d'une casserole d'eau et faites cuire 45 min à la vapeur.

Versez la sauce ceviche dans une assiette. Quand le foie de lotte est refroidi, coupez le boudin en tranches de 2,5 cm d'épaisseur que vous disposerez sur la sauce. Déposez ½ c. à c. de caviar sur les tranches et décorez éventuellement de ciboulette ciselée.

Voir variantes p. 218

Sashimi à la coréenne et sauce pimentée

Pour 1 portion

Les Coréens apprécient également le poisson cru, mais leur tradition culinaire tend à lui apporter davantage de saveurs au moyen de piment ou d'ail. Ils l'accompagnent aussi de nombreux légumes, qui font souvent défaut au menu des restaurants japonais, bien que les Japonais en consomment une large gamme à la maison.

30 g de filet de saumon
30 g de filet de thon
30 g de poisson blanc (bar, par exemple)
60 g de riz shari (p. 28)
2 c. à c. de chou rouge, finement émincé
2 c. à c. de tsuma de daikon (p. 27)
½ c. à c. de jeunes pousses
Pousses de moutarde et de shiso
4 c. à c. de sauce au piment coréen (p. 54)

Coupez chaque filet de poisson en petits cubes. Placez 1 boulette de riz shari au centre d'un bol et répartissez les lamelles de chou, le tsuma de daikon et les jeunes pousses tout autour, en cercle. Disposez les trois sortes de poisson entre les légumes.

Décorez de pousses de moutarde et de shiso. Présentez la sauce au piment coréen à part, de façon que chacun en agrémente son bol à sa convenance.

Voir variantes p. 219

Variantes

Sashimi de tamago sucré

Recette de base p. 189

Tamago aux crevettes grises

Ajoutez 50 g de petites crevettes grises crues dans les œufs avant de les cuire.

Tamago aux champignons shiitake

Ajoutez 50 g de shiitake réhydratés dans un mélange de dashi et de sauce soja, puis coupés en petits morceaux, dans les œufs avant de les cuire.

Tamago, mitsuba et halloumi

Ajoutez de petits morceaux d'halloumi ainsi que des feuilles de mitsuba hachées ou de la ciboulette ciselée dans les œufs avant de les cuire.

Tamago au poivron vert

Ajoutez du poivron vert cru coupé en petits morceaux dans les œufs avant de les cuire.

Tamago au jambon fumé

Ajoutez de petits morceaux de jambon fumé dans les œufs avant de les cuire.

Tamago aux châtaignes

Ajoutez des châtaignes cuites et hachées dans les œufs avant de les cuire.

Variantes

Sashimi de poisson blanc, poireau et gingembre oroshi

Recette de base p. 190

Sashimi de limande-sole, gingembre oroshi et poireau
Remplacez le turbot par de la limande-sole. Si le poisson est gros, vous pouvez opter pour la méthode de découpe en cinq parties plutôt qu'en trois, comme indiqué p. 18.

Sashimi de saint-pierre, ikura et ciboulette
Remplacez le turbot par du saint-pierre, et le poireau et le gingembre oroshi par des œufs de saumon et de la ciboulette ciselée.

Sashimi de hareng et prune ume
Remplacez le turbot par du hareng. Servez sur un lit de tsuma (p. 27) composé de daikon et de concombre en julienne, avec une pointe de prune ume sur chaque lamelle de poisson. Supprimez le poireau et le gingembre oroshi.

Sashimi de sole et caviar
Remplacez le turbot par de la sole. Si la sole est grosse, préférez découper selon la méthode en cinq morceaux plutôt qu'en trois, comme indiqué p. 18. Décorez avec du caviar.

Variantes

Sashimi de lieu jaune hamachi, ceviche aux herbes, daikon et huile d'olive au ponzu

Recette de base p. 193

Sashimi de saumon, ceviche aux herbes, daikon et huile d'olive au ponzu
Remplacez le lieu jaune par des tranches de saumon.

Sashimi de thon, ceviche aux herbes, échalote et huile d'olive au ponzu
Remplacez lieu jaune par du thon et le tsuma de daikon central par de l'échalote finement émincée.

Sashimi de saint-jacques, ceviche, sauce au jalapeño, daikon et huile d'olive au citron vert
Remplacez le lieu jaune par des lamelles de noix de saint-jacques crue et supprimez le ponzu. Versez quelques gouttes de jus de citron vert et d'huile d'olive sur la noix de saint-jacques. Remplacez la sauce ceviche aux herbes par de la sauce au jalapeño (p. 54).

Sashimi de crevettes douces amaebi, ceviche, sauce au jalapeño, daikon et huile d'olive au citron vert
Suivez la recette de base, en remplaçant le lieu jaune par des crevettes crues, en supprimant le ponzu. Versez un peu de jus de citron vert et d'huile d'olive sur les crevettes. Remplacez le ceviche par de la sauce au jalapeño (p. 54).

Variantes

Sashimi de maquereau mariné, ciboule et gingembre oroshi

Recette de base p. 194

Sashimi de sardine au vinaigre

Remplacez le maquereau par des sardines et ne laissez mariner que 45 min. Prenez le temps de pratiquer des incisions en diagonale dans la sardine pour faire apparaître la chair plus rouge en dessous. Surmontez de ciboule ciselée.

Sashimi de hareng au vinaigre

Remplacez le maquereau par du hareng. Garnissez de ciboulette et de pousses de shiso.

Sashimi de chinchard aji no tataki

Préparez le chinchard comme indiqué p. 94 et mélangez avec du ponzu (p. 39) ainsi que de la ciboule hachée.

Sashimi de thon mariné et igname japonais

Remplacez le tsuma par 1 morceau de 15 cm d'igname japonais, *nagaimo*, finement râpé. Ajoutez 50 g de thon coupé en petits morceaux, puis mis à tremper dans une marinade sucrée au soja (p. 222) plutôt que dans du vinaigre, puis servez avec de la ciboule ciselée.

Variantes

Turbot usuzukuri, ponzu, daikon oroshi et pousses de shiso

Recette de base p. 196

Limande-sole usuzukuri, ponzu, daikon oroshi et pousses de shiso
Remplacez le turbot par de la limande-sole.

Vieille usuzukuri, ponzu, daikon oroshi et pousses de shiso
Remplacez le turbot par de la vieille préparée selon la méthode de découpe en trois parties, comme indiqué p. 16-17.

Bœuf saisi usuzukuri, poire nashi et sauce à l'huile de sésame et au tamari
Faites mariner 120 à 150 g d'aloyau ou de faux-filet dans un mélange de sauce soja, de mirin et de vinaigre de riz, durant au moins 1 h. Transférez la viande dans une passoire et versez de l'eau bouillante par-dessus pour en saisir la surface. Découpez en tranches très fines. Coupez 1 poire de taille moyenne bien mûre en fine julienne. Disposez les tranches de viande dans une assiette, recouvrez de poire et versez en filet un mélange de tamari et d'huile de sésame. Parsemez de graines de sésame.

Barbue usuzukuri, ponzu, daikon oroshi et pousses de shiso
Remplacez le turbot par de la barbue et décorez de pousses de cresson violettes ajoutées dans la sauce ponzu.

Canard saisi usuzukuri, poire nashi et sauce à l'huile de sésame et au tamari
Suivez la recette du bœuf saisi usuzukuri ci-dessus, en remplaçant le bœuf par un magret de canard.

Variantes

Sashimi de saumon aburi en ceviche, huile d'olive à la truffe

Recette de base p. 198

Sashimi de crevettes tigrées ebi en ceviche, huile d'olive à la truffe
Remplacez le saumon par 8 à 10 grosses crevettes crues. Passez-les au chalumeau façon aburi puis coupez-les en morceaux de 2 cm. Décorez de jeunes pousses et ajoutez un peu de jus de citron vert dans l'huile d'olive à la truffe.

Sashimi de saint-jacques en ceviche, huile d'olive à la truffe
Remplacez le saumon par 3 ou 4 grosses noix de saint-jacques entières pêchées à la main. Passez-les au chalumeau façon aburi, puis coupez-les en morceaux de 2 cm. Décorez comme ci-dessus.

Sashimi de thon blanc en ceviche, hijiki et huile d'olive à la truffe
Remplacez le saumon par des tranches de thon albacore. Décorez d'algue hijiki réhydratée.

Sashimi de homard en ceviche, coriandre et huile d'olive à la truffe
Remplacez le saumon par 150 g de chair de homard crue. Passez-la au chalumeau façon aburi, puis versez la sauce ceviche par-dessus. Parsemez de feuilles de coriandre et versez quelques petites gouttes d'huile d'olive à la truffe sur l'ensemble.

Sashimi de lotte en ceviche, coriandre et huile d'olive à la truffe
Remplacez le saumon par 150 g de queue de lotte crue. Passez-la au chalumeau façon aburi, puis versez la sauce ceviche par-dessus. Terminez comme dans la recette ci-dessus.

Variantes

Sashimi de saumon en croûte de sésame, sauce au piment coréen

Recette de base p. 201

Sashimi de morue en croûte de sésame, sauce au jalapeño
Remplacez le saumon par de la morue et la sauce au piment coréen par une sauce au jalapeño (p. 54).

Sashimi de tofu en croûte de sésame, sauce au jalapeño
Remplacez le saumon par 150 g de tofu ferme (environ la moitié d'un paquet standard).

Sashimi de saumon en croûte de sel et de poivre, sauce pomme-moutarde
Enrobez le filet de saumon de poivre noir concassé et de sel de mer. Servez sur une sauce pomme-moutarde (p. 54).

Sashimi de lieu jaune en croûte de sel et de poivre, sauce pomme-moutarde
Remplacez le saumon par du filet de lieu jaune. Enrobez-le de poivre noir concassé et de sel de mer, puis servez sur de la sauce pomme-moutarde (p. 54).

Sashimi de bœuf en croûte de sel et de baies roses, échalote et sauce pomme-moutarde
Remplacez le saumon par 150 g de filet de bœuf. Enrobez-le de baies roses concassées et de sel de mer. Émincez finement l'échalote et disposez-la au centre. Servez sur une sauce pomme-moutarde (p. 54).

Variantes

Sashimi de calamar et œufs de saumon ikura

Recette de base p. 202

Sashimi de calamar et œufs de colin épicés mentaiko
Suivez la recette de base, en ajoutant au calamar 2 c. à c. d'œufs de lieu jaune.

Sashimi d'huître, échalote et ponzu
Remplacez le calamar par 1 grosse huître retirée de sa coquille. Ajoutez 1 c. à c. de ponzu (p. 39) et de l'échalote finement hachée sur l'huître.

Sashimi de poulpe en ceviche et coriandre
Remplacez le calamar par du poulpe cru. Découpez en lamelles plutôt qu'en julienne, et servez avec de la sauce ceviche (p. 43) et des feuilles de coriandre.

Sashimi de seiche, encre et œufs de saumon ikura
Remplacez le calamar par de la seiche. Faites mariner les œufs de saumon dans l'encre de la seiche additionnée de sauce soja et de saké.

Variantes

Sashimi de poulpe, teriyaki et sésame

Recette de base p. 205

Sashimi de seiche et teriyaki
Remplacez le poulpe par de la seiche brièvement cuite à l'eau ou à la vapeur.

Sashimi de crevettes tigrées, sauce soja et sésame
Remplacez le poulpe par des crevettes tigrées cuites comme indiqué p. 225. Faites chauffer un mélange de sauce soja, de mirin et de saké. Lorsqu'il est refroidi, versez-en à la cuillère sur les crevettes et parsemez de graines de sésame. Disposez sur la julienne de concombre.

Sashimi de méduse, sauce soja et sésame
Suivez la recette de base, en remplaçant le poulpe par de la méduse. On trouve de la méduse séchée en tranches dans les épiceries japonaises. Faites-la tremper une nuit, puis de nouveau 30 min en changeant l'eau. Enroulez-en la chair et taillez-la en julienne. Faites blanchir ces lanières à l'eau bouillante, puis plongez-les dans de l'eau glacée. Faites chauffer un mélange de sauce soja, de mirin et de saké. Lorsqu'il est refroidi, versez-en à la cuillère sur la méduse et parsemez de graines de sésame. Disposez sur la julienne de concombre.

Variantes

Foie de lotte ankimo

Recette de base p. 206

Œufs de morue (shirako)
Il vous faudra probablement passer commande auprès de votre poissonnier. Servez la poche de laitance dans un bol, garnie de ciboule hachée, de wasabi et de ponzu (p. 39).

Œufs de saumon (ikura)
Faites mariner les œufs de saumon dans un mélange de sauce soja et de saké, pendant au moins 4 h. Jetez ensuite le liquide, en veillant à ne pas briser les œufs. Servez avec de la sauce soja et du wasabi dans un morceau de concombre évidé.

Oursins de mer (uni)
Servez les oursins tels quels dans un morceau de concombre évidé, agrémentés de sauce soja et de wasabi.

Œufs de hareng (hazunoko)
Les œufs de hareng sont merveilleusement croquants. Servez-les sur un lit d'algue wakame avec de la sauce soja et du wasabi.

Variantes

Sashimi à la coréenne et sauce pimentée

Recette de base p. 208

Sashimi de saint-jacques à la coréenne, coques et épinards
Remplacez le poisson par 2 grosses noix de saint-jacques et 30 g de coques (poids sans coquilles). Coques et noix de saint-jacques peuvent toutes deux se déguster crues, mais vous pouvez aussi les cuire à la vapeur si vous préférez. Servez avec des épinards fondus mélangés à un peu d'huile de sésame à la place des jeunes pousses.

Sashimi de tofu à la coréenne et épinards
Faites mariner 1 bloc de tofu dans de la sauce soja, du mirin et du saké. Coupez-le en cubes de 2 cm et disposez ceux-ci sur le riz, accompagné d'épinards fondus mélangés à de l'huile de sésame, et d'une julienne de carotte et de concombre.

Sashimi de bœuf cru à la coréenne, poire et œuf de caille
Ce plat s'inspire d'une célèbre recette coréenne à base de bœuf cru et de poire. Hachez grossièrement 50 g de bœuf persillé (aloyau ou faux-filet). Disposez du concombre, de la carotte et de la poire en julienne sur le riz. Surmontez de morceaux de bœuf et décorez avec 1 œuf de caille cru.

Temaki

Il est indispensable de confectionner les temaki juste avant de les déguster, car, si le nori demeure ne serait-ce que quelques minutes au contact du riz, il perd de son croustillant. Vous devriez alors déchirer le temaki et seriez privé du plaisir de ses diverses textures. Ce n'est pas un plat à emporter ni à préparer à l'avance pour une tablée de convives, à moins de demander à chacun de réaliser le sien !

Temaki de thon albacore, ciboule et mayonnaise au wasabi

Pour 1 temaki

Les temaki sont généralement servis à la fin d'un repas de sushis, après les sashimis et les nigiri. Cette recette et ses variantes requièrent du poisson cru ultrafrais, mais, contrairement aux sashimis et aux nigiri, elles s'accommodent des chutes de poisson, ce qui évite les restes. Le plus difficile consiste à acquérir la technique du roulage du cornet, que vous pouvez ensuite garnir à votre guise.

15 g de filet de thon albacore
½ feuille de nori
30 g de riz shari (p. 28)
Wasabi
2 c. à c. de ciboule émincée en biais
Graines de sésame blanc
1 c. à c. de mayonnaise au wasabi (p. 50)

Découpez le thon en longues tranches de 5 cm. Pour former le cornet, séchez bien votre main gauche et placez le nori à plat en travers de votre paume, en le tenant entre le pouce et les quatre autres doigts. Trempez la main droite dans de l'eau vinaigrée et prenez du riz. Étalez-le du côté gauche du nori. Étalez un peu de pâte de wasabi sur le riz, à votre goût. Séchez votre main droite avant de disposer les tranches de thon et la ciboule sur le riz. Parsemez de graines de sésame. Lavez et séchez de nouveau votre main droite. Le nori est maintenant posé à plat dans votre main gauche. Prenez le coin en bas à gauche de l'algue avec la main droite, repliez-le sur la garniture en direction du haut de la feuille de nori et passez-le sous la garniture. Tournez délicatement avec votre pouce gauche pour former un cornet. Versez un peu de mayonnaise au wasabi à la cuillère, selon votre goût.

Voir variantes p. 237

Temaki d'anguille unagi kabayaki et concombre

Pour 1 temaki, avec assez de poisson pour en réaliser d'autres

Légèrement sucrée, l'anguille à la sauce soja est particulièrement savoureuse. Proposez-la vers la fin du dîner : sa texture plus dense et son parfum prononcé n'altéreront pas ceux des sushis au goût plus subtil, tels que les nigiri de poisson blanc.

1 filet d'anguille (à défaut, de roussette)
12 cl de sauce soja
3 c. à s. de sucre
3 c. à s. de mirin
3 c. à s. de saké
15 g de concombre, coupé en bâtonnets de 5 cm de long
½ feuille de nori
30 g de riz shari (p. 28)
Graines de sésame blanc

L'anguille est une espèce sérieusement menacée. Il n'existe que deux zones de frai au monde, qui font toutes deux l'objet d'une pêche excessive. L'anguille peut vivre jusqu'à 80 ans et ne se reproduit qu'une fois dans sa vie, juste avant de mourir, ce qui explique sa vulnérabilité face à une pêche intensive. L'avantage de cette recette réside dans le fait que l'on peut lui substituer un bon poisson à chair dense préparé de la même façon que l'unagi au Japon – par exemple de la roussette, dont les réserves sont abondantes. Demandez au poissonnier de lever les filets et d'ôter la peau, car elle est dure et endommagerait votre couteau.

Rincez l'anguille (ou son substitut) sous l'eau froide. Mélangez la sauce soja, le sucre, le mirin et le saké, en remuant jusqu'à dissolution du sucre. Plongez le poisson dans cette marinade et laissez une nuit au réfrigérateur.

Retirez le filet de la marinade et faites-le cuire 10 min au cuit-vapeur. Badigeonnez-le d'un peu de marinade au pinceau, puis passez-le sous un gril de façon que sa surface devienne croustillante. Faites réduire le reste de sauce et réservez-la pour en badigeonner le poisson. Découpez le filet grillé en tranches de 5 cm. Confectionnez le temaki comme indiqué dans la première recette, p. 221.

Voir variantes p. 238

Temaki de crevette tigrée ebi, avocat et mayonnaise au wasabi

Pour 1 temaki

Les fruits de mer cuits apportent une savoureuse densité à la garniture du temaki.

1 crevette tigrée crue
Sel
12 cl de mirin
12 cl de vinaigre de riz
½ feuille de nori
30 g de riz shari (p. 28)
1 c. à s. d'avocat, coupé en épaisses lamelles de 5 cm de long
Graines de sésame blanc
1 c. à c. de mayonnaise au wasabi

Enfilez 1 crevette crue entière sur une pique à brochette, de la queue à la tête, juste sous la carapace. Plongez-la dans une casserole d'eau salée portée à ébullition et laissez 3 min, le temps que le gris passe au rose. La crevette est cuite quand elle est moelleuse au toucher. Retirez la crevette de l'eau, laissez-la refroidir, puis ôtez la pique. Retirez la tête, les pattes et la carapace, mais laissez la queue intacte. Séchez la crevette.

À l'aide d'un petit couteau pointu, faites une incision dans la partie supérieure de la crevette. Coupez jusqu'à la queue de façon à ouvrir la crevette, en veillant à ne pas inciser dans toute l'épaisseur. Rincez sous le robinet pour retirer les entrailles grises sous la colonne vertébrale.

Mélangez le mirin et le vinaigre et faites-y mariner la crevette 30 min. Retirez-la du liquide et séchez-la. Confectionnez le temaki comme indiqué p. 221, puis parsemez-le de graines de sésame. Versez un peu de mayonnaise au wasabi, selon votre goût.

Voir variantes p. 239

Temaki de peau de saumon croustillante teriyaki et ciboule

Pour 1 temaki, en adaptant la quantité de peau de saumon selon votre goût

La saveur du teriyaki est la bienvenue à la fin d'un repas composé de sushis. Ce parfum prononcé doit venir après celui, plus délicat, des poissons crus des sashimis et autres nigiri.

45 g de peau de saumon, en essayant de garder une fine épaisseur de chair sous la peau
Sel
1 c. à c. de sauce teriyaki (p. 36)
½ feuille de nori
30 g de riz shari (p. 28)
2 c. à c. de ciboule finement ciselée

Salez légèrement les morceaux de peau de saumon sur les deux faces et placez-les sous un gril jusqu'à ce qu'ils soient brunis et croustillants, que la peau commence à foncer et que des bulles apparaissent. Laissez refroidir de côté ; la peau soit devenir presque friable.

Coupez la peau de saumon en longues bandes et étalez-y de la sauce teriyaki au pinceau. Composez les temaki comme indiqué p. 221, en y incorporant la ciboule.

Voir variantes p. 240

Temaki de thon negitoro, mayonnaise au wasabi et ciboule

Pour 1 temaki

C'est probablement le goût du toro (partie ventrale du thon, ici hachée) qui m'a conduite à ouvrir un bar à sushis. Le fondant de la chair de thon rouge est tout simplement divin. Si le prix de cette espèce atteint aujourd'hui un niveau astronomique, la menace qui pèse sur elle est très inquiétante. Comme je ne peux supporter de faire commerce de ce bel et noble animal, je l'ai rayé de notre carte en 1998. Honnêtement, je préfère regarder par écran de télévision interposé cet incroyable poisson, aussi gracieux qu'intelligent, évoluer dans les océans du monde.

20 g de filet de thon albacore (des chutes conviennent)
1 c. à c. de mayonnaise au wasabi (p. 50)
½ feuille de nori
30 g de riz shari (p. 28)
2 c. à c. de ciboule finement ciselée

Hachez très finement le thon à l'aide d'un grand couteau, jusqu'à ce que la chair devienne pâteuse et fondante. Mélangez avec la mayonnaise au wasabi.

Confectionnez le temaki comme indiqué p. 221, en y incorporant la ciboule.

Voir variantes p. 241

Temaki de natto et ciboule

Pour 1 temaki

Les recettes qui suivent emploient divers ingrédients végétariens parmi les plus classiques au Japon. Mais ce sont sans doute aussi ceux avec lesquels les non-Japonais ont le plus de difficulté à se familiariser. Le *natto* (soja fermenté) est devenu l'un de mes préférés, mais cela m'a demandé du temps, et un vol sur une compagnie japonaise qui avait peu de choses à proposer à manger, hormis des en-cas au natto séché. Quand un Japonais sent que vous êtes initié à sa culture, il ne manque pas de demander si vous êtes capable de manger du natto. Pour ne pas être mise au pilori culinaire, j'ai persévéré, et voilà... En outre, le natto est bon pour la santé : il est riche en vitamines qui limiteraient les risques de thrombose, réduiraient la calvitie et amélioreraient les performances sexuelles.

1 c. à s. de natto
½ feuille de nori
30 g de riz shari (p. 28)
2 c. à c. de ciboule finement ciselée

Préparer soi-même son natto en faisant fermenter du soja est un peu trop compliqué pour être expliqué dans cet ouvrage, d'autant plus qu'on en trouve aisément en tube ou en petits sachets que l'on peut congeler. Comme il ne se conserve pas longtemps une fois le paquet ouvert, les surgelés sont une bonne solution.

Confectionnez le temaki comme indiqué p. 221, en y incorporant le natto et la ciboule. Utilisez une petite cuillère ou des baguettes pour étaler le natto, dont vous allez bientôt apprécier la consistance gluante et collante si caractéristique !

Voir variantes p. 242

Temaki de potiron et bardane en tempura

Pour 4 temaki

La tempura, associée depuis longtemps au Japon, fut probablement importée au XVIe siècle par des missionnaires portugais qui, le vendredi, ne mangeaient que du poisson, souvent frit. Le mot *tempura* serait ainsi une japonisation du mot *templo*, signifiant « temple » en portugais. S'ils ne font pas partie des traditions culinaires japonaises, les rouleaux à base de tempura sont appréciés en Occident.

1 racine de bardane
½ potiron, coupé en julienne de 5 cm de long
1 c. à c. de vinaigre de riz

Pâte pour 4 temaki :
250 g de farine + un peu à saupoudrer
1 gros œuf

Huile végétale
2 feuilles de nori
150 g de riz shari (p. 28)
Graines de sésame blanc
Mayonnaise pimentée (p. 50)

La bardane est une longue racine qu'il faut frotter (et non peler) pour en retirer toute la terre. Grattez légèrement la peau au couteau (la bardane recèle de nombreuses vertus, et une grande partie de ses nutriments et de sa saveur se situent juste sous la peau, aussi vaut-il mieux la conserver). Taillez-la en julienne moyenne de 5 cm de long, puis plongez-la dans un bol d'eau froide additionnée du vinaigre de riz, afin qu'elles ne se décolorent pas.

Préparez la pâte à tempura comme indiqué p. 98. Le secret consiste à ne pas battre la pâte trop énergiquement. Opérez avec des baguettes, en laissant des grumeaux.

Versez de l'huile dans une petite casserole profonde et faites-la chauffer à 175 °C. Vérifiez la température en y versant une goutte de pâte : elle doit couler puis remonter en surface. Si elle ne remonte pas, l'huile n'est pas assez chaude ; si elle remonte aussitôt, elle l'est trop. Farinez légèrement la bardane et le potiron, ôtez l'excédent de farine et trempez ces légumes dans la pâte. Plongez-les dans l'huile 3 min environ, jusqu'à ce que la pâte soit dorée. Sortez les légumes avec une écumoire à friture et égouttez-les sur une grille ou un torchon.

Confectionnez les temaki comme indiqué p. 221, en y incorporant ces légumes en tempura. Parsemez de graines de sésame et servez avec de la mayonnaise pimentée.

Voir variantes p. 243

Temaki de poulet katsu, concombre et mayonnaise tonkatsu

Pour 4 temaki

Les viandes panées et frites sont très appréciées pour le déjeuner. Le tonkatsu, du porc pané et frit, est presque toujours accompagné d'un émincé de chou blanc et de sauce tonkatsu, une sauce brune épaisse épicée mais pas piquante. En Occident, nous utilisons du poulet, qui nous trouvons plus adapté aux sushis, bien qu'aucune des deux viandes ne se rencontre dans les sushis traditionnels.

Huile végétale
1 œuf
100 g de blanc ou de cuisse de poulet
Sel et poivre
2 c. à s. de farine
5 c. à s. de chapelure
2 feuilles de nori
150 g de riz shari (p. 28)
60 g de concombre en julienne
Mayonnaise tonkatsu (p. 50)
Pousses de shiso

Dans une casserole profonde, faites chauffer de l'huile à 175 °C. Battez l'œuf. Salez et poivrez le poulet. Disposez côte à côte le plat contenant l'œuf battu, une assiette contenant la farine et une autre remplie de chapelure. Enrobez le poulet de farine, secouez pour ôter l'excédent, trempez dans l'œuf battu, puis dans la chapelure, et enfin plongez dans l'huile bouillante. Laissez cuire jusqu'à ce que la panure soit dorée et croustillante. Sortez le poulet avec une écumoire et égouttez sur un torchon. Découpez en 4 tranches biseautées. Confectionnez le temaki comme indiqué p. 221, en y insérant 1 tranche de poulet katsu et du concombre. Versez un peu de mayonnaise tonkatsu à la cuillère et parsemez de pousses de shiso.

Voir variantes p. 244

もう大

Temaki de salade de thon au maïs

Pour 6 temaki

Si les sushis privilégient le poisson cru, certains ingrédients cuits conviennent mieux aux temaki. Le thon en conserve est facile à utiliser de diverses manières et courant dans les sushis à emporter.

150 g de thon au naturel en conserve
4 c. à c. d'oignon finement haché
30 g de maïs
200 g de riz shari (p. 28)
3 feuilles de nori
6 c. à c. de mayonnaise au wasabi (p. 50)

Égouttez le thon en conserve. Mélangez-le avec l'oignon, le maïs et la mayonnaise au wasabi. Confectionnez le temaki comme indiqué p. 221.

Voir variantes p. 245

Variantes

Temaki de thon albacore, ciboule et mayonnaise au wasabi

Recette de base p. 221

Temaki de saumon et avocat
Remplacez le thon par du saumon et des lamelles d'avocat, une pincée de graines de sésame et de la mayonnaise au wasabi.

Temaki de daurade, pousses de shiso, concombre et yuzu kosho
Remplacez le thon par de la daurade, du concombre, des pousses de shiso et du yuzu kosho.

Temaki de bar, radis rouge, concombre et sauce au jalapeño
Remplacez le thon par du bar, du concombre, du radis rouge émincé et 1 c. à c. de sauce au jalapeño (p. 54).

Temaki de lieu jaune hamachi, ciboule et tobiko
Suivez la recette de base, en ajoutant 1 c. à c. d'œufs de poisson volant.

Temaki de maquereau, asperge, pousses de shiso et mayonnaise au yuzu
Remplacez le thon par du maquereau, de l'asperge blanchie émincée, 1 c. à c. de moutarde, des pousses de shiso et 1 c. à c. de mayonnaise au yuzu (p. 34).

Temaki de lieu jaune hamachi, radis rouge, poivron rouge et sauce au jalapeño
Suivez la recette de base, en ajoutant du radis rouge, du poivron rouge et de la sauce au jalapeño (p. 54).

Variantes

Temaki d'anguille unagi kabayaki et concombre

Recette de base p. 222

Temaki de canard, concombre, piment et ciboulette
Remplacez le poisson par de la chair de cuisse de canard. Roulez le temaki avec du piment finement haché et de la ciboulette ciselée.

Temaki de filet de bœuf, oignon rouge et mizuna
Remplacez le poisson par 15 g de bœuf persillé (aloyau ou faux-filet), en supprimant l'étape de la cuisson à la vapeur. Émincez finement l'oignon rouge et roulez avec de la mizuna.

Temaki de champignons enoki et mizuna
Remplacez le poisson par des champignons enoki, qui n'ont pas besoin d'être marinés et ne requièrent qu'un passage bref sous le gril. Roulez avec des feuilles de mizuna et une pincée de graines de sésame.

Temaki d'anguille unagi kabayaki, concombre, haricots verts et avocat
Suivez la recette de base, en ajoutant des haricots verts blanchis et une lamelle d'avocat.

Variantes

Temaki de crevette tigrée ebi, avocat et mayonnaise au wasabi

Recette de base p. 225

Temaki de crevette tigrée ebi, mizuna, pignons de pin et mayonnaise au yuzu
Roulez avec des feuilles de mizuna, des pignons de pin et de la mayonnaise au yuzu (p. 50).

Temaki de crevette tigrée ebi, ikura et laitue
Suivez la recette de base et roulez avec des feuilles de laitue. Garnissez d'œufs de saumon.

Temaki de calamar, concombre et prune ume
Remplacez la crevette par du calamar cru coupé en fines lanières et préparé comme indiqué p. 17. Ajoutez du concombre en julienne et un peu de purée de prunes ume.

Temaki de crabe et avocat
Remplacez la crevette par 15 g de chair de crabe brune et blanche mélangées. Ajoutez des lamelles d'avocat et une pincée de graines de sésame.

Temaki de crabe, ciboule et mayonnaise au yuzu
Remplacez la crevette par 25 g de chair de crabe brune et blanche mélangées. Ajoutez de la ciboule ciselée et 1 c. à c. de mayonnaise au yuzu (p. 50).

Temaki de homard, avocat, tobiko et mayonnaise au wasabi
Remplacez la crevette par du homard préparé comme indiqué p. 62. Ajoutez des lamelles d'avocat, des œufs de poisson volant et de la mayonnaise au wasabi (p. 50).

Variantes

Temaki de peau de saumon croustillante teriyaki et ciboule

Recette de base p. 226

Temaki de peau de poulet teriyaki, concombre et mizuna
Remplacez la peau de saumon par de la peau de poulet. Garnissez le temaki de rondelles de concombre et de feuilles de mizuna.

Temaki de bœuf teriyaki, haricots verts et cresson
Passez sous le gril quelques tranches de bœuf, badigeonnées de sauce teriyaki. Faites blanchir les haricots verts et garnissez-en le cornet, en ajoutant du cresson.

Temaki de calamar teriyaki et asperge
Faites griller quelques morceaux de calamar, badigeonnés de sauce teriyaki. Composez le temaki avec des asperges blanchies.

Temaki de caille teriyaki, figue et laitue
Faites griller quelques tranches de viande de caille, badigeonnées de sauce teriyaki. Composez le temaki avec des lamelles de figue et de la laitue.

Temaki de piment shishito et poivron rouge teriyaki
Coupez 1 piment shishito en deux et épépinez-le. Coupez 2 lanières de poivron rouge de 5 cm. Faites griller piment et poivron, badigeonnés de sauce teriyaki. Recoupez-les et composez le cornet en ajoutant une pincée de pousses de moutarde et de shiso.

Variantes

Temaki de thon negitoro, mayonnaise au wasabi et ciboule

Recette de base p. 228

Temaki de saumon haché et concombre
Remplacez le thon par du saumon, et composez le cornet avec du concombre en julienne. Pressez un peu de jus de citron vert au-dessus et servez.

Temaki de saint-jacques hachée et feuille de shiso
Remplacez le thon par ½ grosse noix de saint-jacques hachée. Mélangez avec de la feuille de shiso ciselée et de l'échalote émincée. Mélangez le tout avec de la mayonnaise au yuzu (p. 34) et ajoutez un filet de jus de citron vert.

Temaki de ceviche de rouget haché, mizuna et pousses de cresson
Remplacez le thon par du rouget haché (ou de la daurade, ou tout autre poisson à chair ferme). Mélangez avec 1 c. à c. de sauce ceviche (p. 43). Composez le temaki avec le poisson en sauce ceviche, de la mizuna et des pousses de shiso.

Temaki de lieu jaune haché et ciboule
Remplacez le thon par du lieu jaune haché (hamachi ou buri).

Temaki de bar haché et feuille de shiso
Remplacez le thon par du bar. Associez-le à de la feuille de shiso ciselée et de l'échalote finement émincée. Mélangez le tout avec de la mayonnaise au yuzu (p. 34) et un filet de jus de citron vert.

Variantes

Temaki de natto et ciboule

Recette de base p. 230

Temaki d'umeboshi et concombre

Remplacez le natto par de l'umeboshi (prune confite). On en trouve dans les épiceries japonaises ou les boutiques de produits bio. Pour les temaki, choisissez-le sous forme de purée ou bien écrasez vous-même une prune entière, et ajoutez une bonne quantité de concombre pour adoucir.

Temaki de natto et gombo

Suivez la recette de base, en ajoutant une pincée de gombo haché.

Temaki d'umeboshi, daikon et haricots verts

Composez le temaki avec des haricots verts blanchis, du radis daikon coupé en julienne et blanchi, ainsi qu'une touche de prune confite.

Temaki d'umeboshi et shiso

Ciselez quelques feuilles de shiso, ajoutez du concombre en julienne et une touche de prune confite. Ume et shiso forment une association classique.

Temaki de bambou et concombre

Préparez le bambou comme indiqué p. 247. Composez le cornet avec du concombre coupé en julienne et une pincée de graines de sésame.

Variantes

Temaki de potiron et bardane en tempura

Recette de base p. 232

Temaki de crabe mou en tempura, avocat et mayonnaise pimentée
Remplacez la bardane par du crabe mou coupé en quartiers. Composez le cornet avec 1 c. à c. de mayonnaise pimentée (p. 50) et des lamelles d'avocat. Parsemez d'œufs de poisson volant.

Temaki de crevettes en tempura, laitue, avocat et mayonnaise au wasabi
Remplacezla bardane par des crevettes, dont vous conserverez les queues pour le décor. Composez le cornet avec 1 c. à c. de mayonnaise au wasabi (p. 50), des lamelles d'avocat et des feuilles de laitue. Parsemez de pousses de shiso ciselées.

Temaki de calamar en tempura, mizuna, piment, sel de mer et citron vert
Remplacez la bardane par du calamar. Composez le cornet avec des feuilles de mizuna et du piment rouge haché, puis saupoudrez d'un peu de sel de mer et parsemez de zeste de citron vert.

Temaki d'avocat en tempura et aïoli au paprika fumé
Remplacez la bardane par un avocat coupé en quatre. Composez le cornet avec 1 c. à c. d'aïoli au paprika fumé.

Temaki de fleur de courgette farcie à la mozzarella en tempura
Farcissez 1 fleur de courgette de mozzarella, fermez, trempez dans la pâte et faites frire. Composez le cornet, en ajoutant éventuellement 1 c. à c. de miel liquide.

Variantes

Temaki de poulet katsu, concombre et mayonnaise tonkatsu

Recette de base p. 234

Temaki de porc tonkatsu et chou blanc
Remplacez le poulet par un filet de porc frit. Composez le temaki avec du chou blanc émincé et 1 c. à c. de mayonnaise tonkatsu.

Temaki de crevettes katsu, mizuna et mayonnaise au wasabi
Remplacez le poulet par 4 crevettes tigrées panées et frites façon katsu, et composez le cornet avec des feuilles de mizuna et de la mayonnaise au wasabi (p. 50).

Temaki de crevettes katsu, avocat et mayonnaise pimentée
Remplacez le poulet par 4 crevettes tigrées panées et frites façon katsu, et composez le cornet avec 1 lamelle d'avocat et de la mayonnaise au piment doux (p. 50).

Temaki de shirako katsu, cœurs de laitue et sauce au jalapeño
Remplacez le poulet par 1 crevette panée et frite façon katsu et 90 g d'œufs de morue. Composez le temaki avec ces œufs, qui contrasteront avec le croquant de cœurs de laitue, et ajoutez 1 c. à c. de sauce au jalapeño (p. 54).

Temaki de saumon katsu, avocat, ciboule et mayonnaise au yuzu
Remplacez le poulet par 100 g de saumon pané et frit façon katsu, puis composez le temaki avec 1 lamelle d'avocat, de la ciboule ciselée et 1 c. à c. de mayonnaise au yuzu (p. 34).

Variantes

Temaki de salade de thon au maïs

Recette de base p. 236

Temaki de salade de thon au radis rouge, cresson et oignon
Suivez la recette de base, en ajoutant de l'oignon, du radis rouge et de la mayonnaise au wasabi (p. 50).

Temaki de saumon kakuni, cresson et mayonnaise au wasabi
Remplacez le thon par du saumon poché comme indiqué p. 256. Mélangez avec la mayonnaise. Composez le cornet avec du cresson.

Temaki de saumon kakuni, roquette et mayonnaise au wasabi
Remplacez le thon par du saumon poché comme indiqué p. 256. Mélangez avec de la mayonnaise au wasabi (p. 50). Composez le cornet avec des feuilles de roquette.

Temaki de thon kakuni, sauce soja et gingembre
Remplacez le thon en conserve par du thon poché comme indiqué p. 256. Mélangez avec de la mayonnaise au wasabi (p. 50). Composez le cornet avec des feuilles de roquette et du gingembre oroshi.

Temaki de bar kakuni, concombre et katsuo boshi
Remplacez le thon par du bar poché comme indiqué p. 256. Mélangez avec de la mayonnaise au wasabi (p. 50) et une pincée de bonite séchée (katsuo boshi). Composez le cornet avec du concombre en julienne.

Chirashi, inari, onigiri, oshizushi

Les types de sushis présentés ici se confectionnent traditionnellement à la maison. Ils requièrent moins d'habileté dans le maniement du couteau et dans le moulage du riz. Ils sont également si adaptables que l'on peut y incorporer différents restes de poisson ou de légumes que l'on a à disposition.

Chirashi de shiitake, renkon et bambou

Pour 1 bol

Chirashi signifie « sushi éparpillé », en ceci qu'il ne s'agit plus d'une pièce « compacte », mais de riz sur lequel on dépose les éléments de son choix : poisson cru, légumes...

3 champignons shiitake
12 cl de sauce soja
3 c. à s. de saké
3 c. à s. de jus de pomme ou 3 c. à s. de sucre
1/2 racine de lotus (renkon), coupée en très fines lamelles à recouper en quatre (réserver 2 lamelles entières pour le décor)
1/2 pousse de bambou takenoko (en boîte ou sous vide), coupée en lamelles de 5 cm
1 carotte, coupée en rondelles biseautées de 2 cm
5 haricots verts ou à rames, coupés en morceaux biseautés de 3,75 cm de long
1/4 de sachet de tofu frit abura-age
200 g de riz shari (p. 28) ou de riz complet genmai (p. 47), chaud
4 c. à s. d'omelette tamago (p. 189)
1/4 de feuille de nori, ciselée

Réhydratez les champignons dans un bol d'eau chaude pendant 20 min environ. Retirez-les et mélangez l'eau avec le soja, le saké et le jus de pomme dans une petite casserole. Mettez les champignons, le renkon, le bambou et la carotte dans la casserole et portez à ébullition. Laissez frémir 4 min, jusqu'à ce que l'eau soit presque complètement évaporée. Faites cuire les haricots à la vapeur ou faites-les blanchir, plongez-les dans l'eau froide et ajoutez-les aux légumes refroidis. Coupez le tofu en fines lanières de 2 cm de long. Effilochez l'omelette.

Mettez le riz chaud dans un bol. Disposez les légumes par-dessus, avec le tofu et l'omelette, puis décorez avec la racine de lotus et le nori.

Voir variantes p. 269

Chirashi de poisson

Pour 1 bol

Voici la recette du chirashi classique à la façon de Tokyo, qui consiste en du poisson éparpillé sur un bol de riz. Il n'y a pas de règle concernant les espèces de poisson à utiliser, aussi choisissez celles que vous préférez.

1 c. à c. de wakame séché
200 g de riz shari (p. 28)
4 c. à c. de daikon oroshi
1 feuille de shiso
3 tranches de saumon coupées en sashimi
3 tranches de lieu jaune ou de daurade, coupées en sashimi
3 tranches de maquereau mariné, coupées en sashimi
3 tranches de thon
2 crevettes tigrées cuites
2 tranches de poulpe cuit
2 lanières larges d'omelette tamago (p. 189)
Rondelles de citron
1 c. à c. d'œufs de saumon ikura
Wasabi
1 c. à c. de gingembre confit
Concombre en julienne
1 c. à c. de pousses de moutarde ou de shiso

Réhydratez le wakame quelques minutes dans l'eau puis égouttez-le bien. Remplissez un bol de riz shari (blanc ou complet genmai, à votre goût). Disposez le daikon râpé au bord du bol, puis le wakame à côté. Placez la feuille de shiso sur le daikon.

Ajoutez le poisson et le tamago sur le riz, en équilibrant les couleurs. Glissez les rondelles de citron à côté des poissons blancs, pour renforcer le contraste. Décorez d'œufs de saumon.

Déposez une touche de wasabi sur un bord. Garnissez d'un morceau de gingembre confit, de concombre en julienne et de pousses de cresson.

Voir variantes p. 270

Chirashi de bœuf saisi, jus au wasabi et au vin rouge

Pour 1 bol (sauce pour 4 portions)

Voici un chirashi qui s'affranchit complètement de la tradition. Il est délicieux, mais je vois déjà les puristes crier au scandale !

4 c. à c. de daikon oroshi
½ piment haché
¼ d'oignon rouge
3 c. à s. de poudre de wasabi
4 c. à s. de sauce soja
3 c. à s. de mirin
125 g de filet de bœuf
Sel de mer et poivre
2 c. à c. de beurre
3 c. à s. de vin rouge
Huile de truffe blanche
1 c. à c. de poivre sansho (à défaut, de baies roses)
200 g de riz shari (p. 28)
2 c. à c. de ciboule finement ciselée

Mélangez le radis blanc râpé avec le piment haché. Émincez l'oignon et plongez-le 10 min dans un bol d'eau glacée. Égouttez et réservez. Faites dissoudre le wasabi dans 2 c. à s. d'eau, puis mélangez-y la sauce soja et enfin le mirin. Frottez le filet de bœuf de sel et de poivre. Faites chauffer le beurre dans une casserole et mettez-y la viande à revenir 1 min environ par face. Laissez le jus de la viande dans la casserole, ajoutez le mélange soja-wasabi-mirin et faites réduire sur feu vif. Ajoutez le vin et faites encore réduire. Enfin, ajoutez quelques gouttes d'huile de truffe blanche et le poivre sansho. Taillez le filet de bœuf en fines lamelles, comme du sashimi. Remplissez aux deux tiers un bol de riz et disposez les tranches de bœuf par-dessus. Versez un peu de sauce réduite et garnissez d'oignon rouge émincé, de ciboule et de daikon au piment. Servez le reste de sauce dans un bol verseur séparé.

Voir variantes p. 271

Inari farcis à la bardane et à la carotte kinpira

Pour 3 inari

L'inari est réalisé à partir de tofu frit, ou *abura-age*, émincé, pressé et de nouveau frit.

½ racine de bardane
1 c. à c. de vinaigre de riz
1 carotte
2 c. à c. de graines de sésame blanc
½ c. à s. de mirin
2 c. à s. de sauce soja
3 c. à s. de bouillon dashi (p. 44)
1 piment rouge
1 c. à s. d'huile de sésame grillé
2½ c. à s. de riz shari (p. 28)
2 poches d'inari, rincées (disponibles dans les épiceries japonaises)

Frottez bien la bardane (ne la pelez pas) pour en ôter la terre, puis grattez-en délicatement la peau au couteau. Une grande part des nutriments et de la saveur de la bardane se situent juste sous la peau, aussi mieux vaut-il la garder. Coupez la bardane en fines lanières de 2,5 cm de long, puis plongez-la dans un bol d'eau glacée additionnée du vinaigre de riz afin qu'elle ne se décolore pas. Pelez la carotte et taillez-la de la même façon. Faites griller le sésame à la poêle. Mélangez le mirin, la sauce soja et le dashi dans un bol. Émincez le piment. Égouttez et séchez la bardane. Faites chauffer l'huile dans une poêle, mettez-y la bardane et la carotte à revenir sur feu moyen jusqu'à ce qu'elles soient légèrement attendries. Ajoutez le mirin, la sauce soja et le dashi, et laissez frémir 5 à 10 min, à découvert, jusqu'à ce que presque tout le liquide soit absorbé. Retirez la casserole du feu, et incorporez-y le piment et les graines de sésame. Mélangez ce kinpira avec le riz shari. Farcissez les inari prêts à l'emploi avec le mélange de riz et de kinpira. Repliez les inari en forme de petits paquets.

Voir variantes p. 272

Inari farcis à l'edamame et au jambon cru

Pour 3 inari

Les petites poches de tofu se prêtent aussi à des combinaisons moins traditionnelles. Cette recette est inspirée des tapas espagnoles appelées *habas con jamón*, c'est-à-dire des fèves au jambon.

10 fèves de soja, ou edamame, cuites à l'eau
20 g de jambon serrano
2 1/2 c. à s. de riz shari (p. 28)
2 poches d'inari, rincées (disponibles dans les épiceries japonaises)
Poivre noir

Vous trouverez les fèves de soja, ou edamame, au rayon des surgelés d'une épicerie japonaise. Elles sont proposées déjà écossées, comme les petits pois. Faites-les cuire à l'eau – pas trop longtemps, afin qu'elles restent fermes.

Coupez le jambon en petits morceaux et mélangez ceux-ci avec le riz et les fèves cuites. Poivrez. Farcissez les inari de cette préparation, puis repliez-les de façon à obtenir de jolis petits paquets.

Voir variantes p. 273

Onigiri de saumon kakuni

Pour 4 onigiri

Le riz joue un rôle majeur dans la culture japonaise, et particulièrement dans les onigiri, ces boulettes de riz toutes simples, ici agrémentées de saumon poché au four.

110 g de filet de saumon
25 cl de sauce soja
12 cl de vinaigre de riz
12 cl de mirin
300 g de riz blanc à grain court, cuit
2 feuilles de nori
Sel de mer

Vous pouvez vous servir d'un moule à onigiri en plastique si vous en avez un, mais ce n'est pas obligatoire.

Déposez le saumon dans un petit plat allant au four. Mélangez la sauce soja avec le vinaigre et le mirin, et arrosez-en le saumon. Faites-le pocher au four préchauffé à 175 °C (th. 5/6), 10 à 15 min selon l'épaisseur du filet. Une fois le poisson refroidi, effilochez-le.

Salez le riz et mélangez-le avec le saumon. Prenez une bonne poignée (100 g) de ce mélange dans la main et pressez jusqu'à ce que la boule ne se défasse plus. Travaillez la boule entre vos paumes de façon à obtenir une forme triangulaire, en aplatissant légèrement.

Coupez une bande de nori de la largeur de l'onigiri. Passez-la autour de celui-ci, comme représenté p. 274. Ce type de façonnage permet que le nori ne se détrempe pas.

Voir variantes p. 274

Onigiri de thon à l'oignon

Pour 4 onigiri

Une manière plus simple de confectionner les onigiri consiste à les envelopper en partie dans de l'algue nori, ce qui favorise aussi leur transport, c'est pourquoi on privilégie ce type de sushis pour les pique-niques. Les Japonais y voient un mets très roboratif, qui leur rappelle ceux que leur mère leur préparait pour emporter à l'école.

150 g de thon au naturel en conserve
4 c. à c. d'oignon finement haché
400 g de riz blanc à grain court, cuit
1 feuille de nori
Graines de sésame blanc

Vous pouvez vous servir d'un moule à onigiri en plastique si vous en avez un, mais ce n'est pas obligatoire.

Égouttez le thon en conserve et mélangez-le avec l'oignon haché.

Prenez une bonne poignée de riz (100 g) dans la main et pressez jusqu'à ce que la boule ne se défasse plus. Creusez un petit trou d'un côté, que vous remplirez de 1 c. à c. du mélange thon-oignon. Appuyez sur le riz pour enfermer cette farce. Pressez doucement la boule entre vos paumes de façon à obtenir une forme triangulaire, en aplatissant légèrement.

Coupez une feuille de nori en quatre. Passez-en un morceau en partie autour de l'onigiri, en son milieu, comme représenté p. 275. Parsemez de graines de sésame.

Voir variantes p. 275

Onigiri yaki

Pour 4 onigiri

La boulette de riz grillée *(yaki)* est une des versions populaires de l'onigiri, souvent proposée dans les bars izakaya et généralement accompagnée de légumes confits.

400 g de riz blanc à grain court, cuit
4 c. à c. de sauce soja
Légumes confits

Modelez les boules de riz comme indiqué p. 256.

Faites griller les onigiri sur chaque face pendant 2 min environ. Appliquez 1 c. à c. de sauce soja au pinceau et replacez-les sous le gril, pour les sécher très brièvement. N'utilisez pas trop de sauce soja : le riz se déferait.

Servez avec un bol de soupe miso (p. 30), des légumes confits oshinko (p. 125) ou encore du concombre confit au vinaigre (p. 49).

Voir variantes p. 276

Onigiri de hijiki

Pour 4 onigiri

Faciles à transporter et des plus simples à confectionner, les onigiri sont de petits en-cas irremplaçables, d'autant plus qu'on peut y incorporer des légumes japonais traditionnels. Forts de tous ces atouts, ils figureront encore longtemps au menu des repas à emporter !

3 c. à s. d'algue hijiki
Sauce soja
400 g de riz blanc à grain court, cuit
1 feuille de nori
Graines de sésame noir

L'hijiki est une algue brun foncé qui ressemble à de très fines nouilles noires. Elle est riche en calcium et en fibres. Vous en trouverez dans les épiceries japonaises sous forme séchée, qu'il vous faudra réhydrater en la trempant une trentaine de minutes dans l'eau. Lorsqu'elle est ramollie, égouttez-la et mélangez-la avec un peu de sauce soja.

Façonnez les boules de riz comme indiqué p. 256, en mettant l'hijiki dans le petit creux.

Coupez une feuille de nori en quatre. Passez-en un morceau en partie autour de l'onigiri, en son milieu, comme représenté ci-contre. Parsemez de graines de sésame noir.

Voir variantes p. 277

Sushis de chou, tamago, riz et petits pois

Pour 4 rouleaux

Voici de délicieux petits ballotins à emporter en pique-nique, et dont la réalisation n'est pas si difficile qu'il y paraît !

4 grandes feuilles de chou frisé
40 g d'omelette tamago (p. 189)
Feuilles de mitsuba ou ciboulette
80 g de riz shari (p. 28)
1 c. à s. de petits pois blanchis
Graines de sésame noir poêlées

Ôtez la tige dure à la base des feuilles de chou. Faites blanchir les feuilles dans une grande casserole d'eau portée à ébullition, pendant 1 min. Retirez-les et plongez-les aussitôt dans de l'eau glacée, afin qu'elles conservent bien leur couleur.

Coupez l'omelette tamago en dés. Hachez les feuilles de mitsuba et mélangez-les avec le riz shari, ainsi que les petits pois, le tamago et les graines de sésame.

Posez 1 feuille de chou sur une planche à découper et déposez dessus un quart du mélange de riz. Repliez le bas et le haut de la feuille de chou, puis les côtés, pour former un beau petit ballotin. Maintenez le tout en place avec un cure-dents.

Voir variantes p. 278

Oshizushi jambon-fromage

Pour 6 pièces

Le sushi pressé *(oshizushi)* est la forme de sushi la plus ancienne. Elle était autrefois utilisée pour conserver le poisson, qui était tassé dans une caisse de riz qu'on laissait fermenter. Au départ, on ne consommait que le poisson et l'on jetait le riz.

80 g de jambon fumé, coupé en tranches très fines
20 g de grandes feuilles entières de salade iceberg
80 g de gruyère (ou autre fromage à pâte dure), coupé en fines lamelles
Moutarde japonaise
125 g de riz shari (p. 28)

Le moule traditionnel est en bois de 15 × 7,5 cm. À défaut, vous pouvez utiliser un moule à cake aux bords aussi droits que possible. Humidifiez le bois pour éviter que le riz ne colle. Si vous utilisez un moule à cake, tapissez-le de film alimentaire.

Disposez une couche de jambon au fond du moule, une autre de feuilles de salade, puis une autre de gruyère. Étalez un peu de moutarde, selon votre goût, sur le gruyère. Ajoutez le riz, en le tassant avec vos doigts. Fermez avec un couvercle et appuyez pour compacter le riz. Retirez les bords amovibles du moule en appuyant sur le couvercle, puis ôtez le couvercle et retournez délicatement pour démouler le bloc sur une planche à découper. Le jambon se trouve maintenant sur le dessus. Pour améliorer l'esthétique, vous pouvez disposer d'abord des lamelles de gruyère en biais au fond du moule, comme représenté. Enveloppez dans du film alimentaire et placez au frais (l'idéal étant un endroit moins froid que le réfrigérateur), pour une durée allant jusqu'à 5 h. Au moment de déguster, trempez un couteau aiguisé dans l'eau et découpez en 6 morceaux égaux.

Voir variantes p. 279

Oshizushi au tofu atsu-age

Pour 6 pièces

Quand je suis allée pour la première fois au Japon, une multitude de boîtes de sushis pressés au maquereau semblant quelque peu datés s'amoncelaient dans les échoppes des gares. Aujourd'hui, les oshizushi ne se rencontrent plus guère que dans les repas que les enfants emportent à l'école, bien que certaines échoppes ravivent la nostalgie en proposant toujours des bento contenant la version traditionnelle du maquereau au vinaigre, à avaler dans le train lorsque l'on s'en retourne chez soi.

100 g de tofu frit (atsu-age)
4 c. à c. de concombre au vinaigre (p. 49)
½ avocat
Wasabi
125 g de riz shari (p. 28)
1 feuille de nori de la taille du contenant

On trouve de l'atsu-age, ou sa version plus petite, l'abura-age, dans les épiceries japonaises. Rincez-le sous l'eau chaude pour ôter l'excédent d'huile. Coupez-le en tranches de 3 mm d'épaisseur et disposez celles-ci au fond d'un moule, en veillant à ne pas laisser d'interstice. Coupez le concombre au vinaigre en longues lamelles fines, que vous disposez sur l'abura-age. Coupez l'avocat en morceaux et répartissez ceux-ci sur le concombre. Étalez un peu de wasabi selon votre goût.

Remplissez le contenant de riz à mi-hauteur, puis posez le morceau de nori sur le par-dessus. Ajoutez le reste de riz et tassez. Poursuivez la préparation des oshizushi comme indiqué p. 265.

Voir variantes p. 280

Riz à la grecque, halloumi et vinaigrette au yuzu

Pour 1 portion

Voici un déjeuner rapide, sain, léger et facile à préparer. Il s'agit d'une salade de riz qui se prête à d'innombrables variantes permettant d'incorporer vos légumes et vos fromages préférés.

Sauce soja
30 g d'halloumi, coupé en dés
30 g d'avocat, coupé en dés
30 g de poivron rouge, coupé en dés
30 g de tomates cerises, coupées en quatre
30 g de concombre, coupé en dés
½ c. à c. de mizuna
15 g d'olives noires, dénoyautées et coupées en deux
400 g de riz shari (p. 28)
Sel de mer et poivre noir
Graines de sésame
Nori
2 c. à c. de vinaigrette au yuzu (p. 52)

Appliquez au pinceau un peu de sauce soja sur l'halloumi et faites-le griller 1 min environ par face, afin qu'il soit doré des deux côtés. Mélangez délicatement l'ensemble des légumes ainsi que la mizuna et l'halloumi, puis garnissez-en un bol de riz shari chaud, en réservant quelques olives noires pour le décor. Salez et poivrez. Décorez avec les olives réservées et des lanières de nori. Servez avec une vinaigrette au yuzu.

Il est aussi possible de servir ce plat après avoir mélangé délicatement le riz et les légumes, pour obtenir une salade de riz shari. Le riz complet convient aussi bien.

Voir variantes p. 281

Variantes

Chirashi de shiitake, renkon et bambou

Recette de base p. 247

Chirashi de tamago, jambon fumé et piments shishito
Remplacez les légumes par 2 piments shishito émincés et 30 g d'omelette tamago (p. 189), et le tofu par 40 g de jambon fumé coupé en dés de 1 cm de côté. Parsemez de nori.

Chirashi de prune ume et shiso
Remplacez les légumes par 3 ou 4 prunes ume entières et supprimez la marinade, ainsi que le tofu. Ciselez 2 feuilles de shiso et mélangez-les avec 1 c. à s. de purée de prunes ume. Parsemez-les sur les prunes, puis garnissez de graines de sésame et de nori.

Chirashi d'edamame et jambon cru
Remplacez les légumes par 30 g de fèves de soja cuites à la vapeur et le tofu par 45 g de jambon cru coupé en cubes. Répartissez-les ainsi que les fèves, le tamago et le nori.

Chirashi de bardane et de carotte kinpira
Supprimez les légumes, la marinade, l'omelette et le tofu. Préparez la bardane et la carotte comme indiqué p. 252. Garnissez de graines de sésame, de ciboule et de nori ciselés.

Chirashi d'igname japonais tororo et thon
Supprimez les légumes, la marinade, l'omelette et le tofu. Râpez 50 g d'igname japonais, ou *nagaimo*, coupez du thon mariné (p. 58) en cubes et servez parsemé de ciboule.

Variantes

Chirashi de poisson

Recette de base p. 248

Chirashi de chinchard aji no tataki et ciboule
Remplacez le poisson par 80 g de chinchard préparé comme indiqué p. 94. Mélangez avec 30 g de ciboule ciselée et 2 c. à c. de ponzu. Décorez de wasabi et de brins de ciboulette.

Chirashi de thon negitoro et ciboule
Remplacez le poisson par du thon préparé comme indiqué p. 228. Disposez-le sur 30 g de ciboule et 15 g de salade iceberg ciselées. Décorez de wasabi et de brins de ciboulette.

Chirashi de saint-jacques et œufs de saumon ikura
Remplacez le poisson par 2 grosses noix de saint-jacques préparées comme indiqué p. 110 et coupées en dés. Taillez 30 g de concombre en julienne. Disposez les saint-jacques sur le concombre et surmontez de 2 c. à c. d'œufs de saumon avant de décorer de pousses de shiso.

Chirashi d'anguille unagi kabayaki
Suivez la recette de base, en remplaçant le poisson par de l'anguille (ou de la roussette) préparée comme indiqué p. 222. Garnissez de piment shichimi et disposez des légumes confits sur le côté du bol, à votre goût.

Chirashi de saumon
Remplacez le poisson par des tranches de sashimi de saumon. Servez-les sur un lit de riz, garnies d'une touche de wasabi et de 1 c. à c. d'œufs de saumon.

Variantes

Chirashi de bœuf saisi, jus au wasabi et au vin rouge

Recette de base p. 251

Chirashi de canard saisi, jus au wasabi et à l'umeshu
Remplacez le bœuf par du canard. Saisissez-le d'abord côté peau, en supprimant le beurre dans la poêle. Remplacez le mirin et le vin rouge par 6 c. à s. de vin de prune.

Chirashi de poulet saisi, jus au wasabi et au saké
Remplacez le bœuf par 1 blanc de poulet. Saisissez-le d'abord côté peau, puis faites-le cuire à cœur. Remplacez le mirin et le vin rouge par 6 c. à s. de saké.

Chirashi de caille saisie, jus au wasabi et au vin rouge
Remplacez le bœuf par 1 blanc de caille. Saisissez-le d'abord côté peau, puis faites-le cuire légèrement plus longtemps.

Chirashi de gibier saisi, jus au wasabi et à l'umeshu
Remplacez le bœuf par du gibier. Remplacez le mirin et le vin rouge par 6 c. à s. de vin de prune.

Variantes

Inari farcis à la bardane et à la carotte kinpira

Recette de base p. 252

Inari farcis aux épinards et au sésame
Supprimez la bardane et la carotte. Faites blanchir quelques feuilles d'épinards pendant 20 secondes, puis égouttez-les. Faites griller à sec 1 c. à c. de graines de sésame blanc dans une casserole à fond épais, puis pilez-les dans un mortier. Mélangez de la sauce soja avec, au choix, du jus de pomme, du sucre ou du mirin. Ajoutez les graines pilées et mélangez bien. Ajoutez les épinards, mélangez avec le riz et farcissez-en les inari.

Inari farcis au tamago et aux champignons japonais
Remplacez la bardane et la carotte par des champignons shiitake, enoki ou nameko. Mélangez avec de l'omelette effilochée avant d'en farcir les inari.

Inari farcis aux noix de ginkgo et au shiso
Remplacez la bardane et la carotte par 10 noix de gingko entières prêtes à l'emploi, pilées. Mélangez avec 2 feuilles de shiso ciselées avant d'en farcir les inari.

Inari farcis au renkon et à la ciboule nira
Remplacez la bardane et la carotte par des quantités égales de racine de lotus (renkon) et de ciboule de Chine (nira), préparés façon kinpira, avant d'en farcir les inari.

Inari farcis au tsukemono, à la calebasse kanpyo et à la carotte
Remplacez la bardane et la carotte par des copeaux de calebasse et de carotte préparées façon kinpira. Mélangez avec du gingembre confit (p. 32) haché avant d'en garnir les inari.

Variantes

Inari farcis à l'edamame et au jambon cru

Recette de base p. 255

Inari farcis au poulpe et aux petits pois
Remplacez le jambon cru par du poulpe préparé comme indiqué p. 74 et l'edamame par des petits pois cuits à l'eau.

Inari farcis au bœuf tataki
Remplacez le jambon cru par du bœuf préparé comme indiqué p. 198, puis coupé en petits morceaux. Supprimez l'edamame.

Inari farcis à l'halloumi et aux tomates demi-séchées
Remplacez le jambon cru par 30 g d'halloumi poêlé et coupé en gros morceaux. Remplacez l'edamame par 2 c. à s. de tomates demi-séchées coupées en petits morceaux.

Inari farcis au potiron poché et aux noix
Remplacez le jambon cru par du potiron cuit façon nimono (p. 73), puis coupé en petits morceaux. Remplacez l'edamame par des noix grillées à sec, puis concassées.

Inari farcis au mentaiko et au citron vert
Remplacez le jambon cru par de l'edamame et 30 g d'œufs de colin épicés (mentaiko). Mélangez avec du riz shari et un peu de zeste de citron vert.

Variantes

Onigiri de saumon kakuni

Recette de base p. 256

Onigiri de thon kakuni et sauce soja au gingembre
Remplacez le saumon par du thon poché avec 1 c. à c. de gingembre râpé.

Onigiri de thon kakuni et shichimi
Remplacez le saumon par du thon poché avec une pincée de piment shichimi.

Onigiri de saumon kakuni et yuzu kosho
Suivez la recette de base. Quand le saumon poché aura refroidi, effilochez-le et mélangez-le à ½ c. à c. de pâte de yuzu kosho.

Onigiri au furikake
Remplacez le sel par du furikake (un assaisonnement pour riz disponible dans la plupart des épiceries japonaises, à base de graines de sésame, de poudre de wasabi, de poivre sansho et de diverses épices). Supprimez le saumon.

Variantes

Onigiri de thon à l'oignon

Recette de base p. 257

Onigiri de katsuo boshi
Suivez la recette de base, en supprimant le thon. Remplissez le creux de flocons de bonite et de quelques gouttes de sauce soja.

Onigiri de tomates demi-séchées, ciboule et mozzarella
Suivez la recette de base, en supprimant le thon. Hachez finement 4 tomates demi-séchées, 4 c. à c. de ciboule et 25 g de mozzarella, et déposez le tout dans le creux.

Onigiri de thon au maïs
Suivez la recette de base, en ajoutant 60 g de maïs avec le thon au moment de remplir le creux.

Onigiri de thon au jalapeño
Suivez la recette de base, en ajoutant au thon 30 g de jalapeño finement haché avant de remplir le creux.

Variantes

Onigiri yaki

Recette de base p. 259

Onigiri genmai yaki
Remplacez le riz par du riz complet genmai (p. 47).

Onigiri yaki au teriyaki
Remplacez la sauce soja par de la sauce teriyaki (p. 36).

Onigiri de poitrine fumée et mozzarella yaki
Faites d'abord griller une face, puis surmontez l'autre face de chaque onigiri de 1 fine rondelle de mozzarella et de ½ tranche de poitrine fumée. Faites griller jusqu'à ce que la poitrine soit cuite.

Onigiri de fromage et poivron vert yaki
Faites d'abord griller une face, puis surmontez l'autre face de chaque onigiri de fromage à pâte dure. Parsemez de poivron vert haché et faites fondre le fromage au gril.

Onigiri de légumes oshinko yaki
Placez 1 rondelle de daikon oshinko sur le dessus, juste avant d'appliquer la sauce soja.

Onigiri de pousses de bambou yaki
Garnissez une face d'une lamelle de bambou cuit à l'eau, juste avant d'appliquer la sauce soja.

Variantes

Onigiri de hijiki

Recette de base p. 260

Onigiri de natto et ciboule
Remplacez l'algue par 70 g de ciboule ciselée mélangée à 70 g de soja fermenté.

Onigiri de concombre au vinaigre
Remplacez l'algue par du concombre au vinaigre (p. 49) haché.

Onigiri de prune ume et shiso
Remplacez l'algue par 4 prunes ume entières mélangées à 2 feuilles de shiso hachées.

Onigiri de moromiso et ciboule
Remplacez l'algue par 70 g de pâte de moromiso (légumes macérés) mélangée à 70 g de ciboule ciselée.

Variantes

Sushis de chou, tamago, riz et petits pois

Recette de base p. 262

Sushis de chou, tamago, petits pois et riz complet gomoku
Remplacez le riz par un mélange de riz aux céréales (p. 47).

Sushis de chou, edamame et jambon fumé
Remplacez les petits pois par des fèves de soja cuites à l'eau et le tamago par de petits morceaux de jambon fumé. Relevez avec de la moutarde japonaise.

Sushis de chou, halloumi et tomates demi-séchées
Remplacez le tamago par 50 g d'halloumi poêlé et coupé en petits morceaux. Supprimez les petits pois et mélangez le riz avec 4 tomates demi-séchées coupées en petits morceaux.

Sushis de chou, edamame et chorizo
Remplacez les petits pois par des fèves de soja cuites à l'eau et le tamago par de petits morceaux de chorizo. Assaisonnez avec un aïoli au paprika fumé.

Sushis de chou, halloumi et olives
Remplacez le tamago par 50 g d'halloumi poêlé et coupé en petits morceaux. Supprimez les petits pois et mélangez le riz avec 6 olives vertes ou noires hachées.

Variantes

Oshizushi jambon-fromage

Recette de base p. 265

Oshizushi aux pousses de bambou et pignons de pin
Remplacez le jambon fumé et le fromage par 90 g de pousses de bambou et 1 c. à c. de pignons de pin. Utilisez du bambou en conserve ou sous vide et faites-le cuire comme indiqué p. 73. Coupez-le en fines lamelles et parsemez de pignons de pin avant de presser le riz.

Oshizushi au bœuf saisi tataki et pousses de moutarde et de shiso
Remplacez le jambon fumé et le fromage par du bœuf tendre et des pousses de moutarde et de shiso. Parsemez le fond du moule de pousses. Préparez le bœuf tataki comme indiqué p. 77, disposez le bœuf sur les pousses, puis étalez un peu de wasabi ou de moutarde japonaise.

Oshizushi à l'avocat et aïoli au paprika fumé
Suivez la recette de base, en supprimant le jambon fumé et le fromage. Tapissez le moule avec ½ gros avocat coupé en lamelles, puis étalez un peu d'aïoli.

Oshizushi à la peau de soja yuba et au wasabi
Remplacez le jambon fumé et le fromage par 4 tranches de yuba (que vous pouvez acheter prétranché dans une épicerie japonaise), puis étalez un peu de wasabi.

Variantes

Oshizushi au tofu atsu-age

Recette de base p. 266

Oshizushi au maquereau mariné
Remplacez l'atsu-age par du maquereau au vinaigre préparé comme indiqué p. 61, puis disposez les tranches au fond du moule. Étalez un peu de wasabi.

Oshizushi aux crevettes
Remplacez l'atsu-age par des crevettes préparées comme indiqué p. 225. Tapissez le fond du moule de crevettes disposées à l'envers, et étalez un peu de wasabi si vous le souhaitez.

Oshizushi à l'anguille unagi
Remplacez l'atsu-age par de l'anguille (ou de la petite roussette préparée) comme indiqué p. 222. Tapissez-en le fond du moule et étalez un peu de sauce.

Oshizushi à la limande-sole et shiso
Remplacez l'atsu-age par 1 filet de limande-sole recoupé aux bonnes dimensions et tapissez-en le fond du moule. Placez la feuille de shiso sur le poisson. Une fois le sushi démoulé, on aperçoit le vert du shiso à travers la chair translucide du poisson.

Oshizushi au tamago
Remplacez l'atsu-age par 1 morceau d'omelette de 5 mm d'épaisseur et tapissez-en le fond du moule.

Variantes

Riz à la grecque, halloumi et vinaigrette au yuzu

Recette de base p. 268

Riz au tamago, jambon cru et piments shishito
Supprimez le fromage et les olives. Coupez 60 g de jambon fumé bio en cubes de 1,5 cm, répartissez-les sur le riz avec des morceaux d'omelette effilochée. Salez et faites griller doucement 2 piments shishito épépinés et coupés en lamelles. Disposez-les sur le riz et parsemez de nori ciselé.

Riz à la prune ume et shiso
Voici une association classique. Les prunes ume étant fortement acidulées, ne garnissez pas toute la surface du bol. Ciselez des feuilles de shiso et mélangez-les avec 4 prunes umeboshi entières réduites en purée, puis parsemez de graines de sésame et de nori.

Riz à l'edamame et jambon cru
Suivez la recette de base, en supprimant le fromage et les olives. Coupez 60 g de jambon espagnol en cubes, faites cuire 2 c. à s. de fèves de soja à la vapeur et répartissez le tout sur le riz, avant de parsemer de morceaux d'omelette effilochée et de nori.

Index